イラスト
顧客満足［CS］の心得

中井 嘉樹　木之下 尚令 ［共著］

経営書院

●・・はじめに・・●

　企業にとってもっとも大切なことは、「存在し続ける」ことであり、長期利益の獲得・維持のためには、「顧客満足（CS）」の実践が欠かせません。「顧客満足（CS）」は、顧客と直接に接する部署のみならず、製造職や開発職、あるいは SE やプログラマーなど、職種に限らず、ビジネスに関わる人すべてに必要な視点です。本書は、新入社員をはじめ若手社員教育用に、「顧客からの支持」つまり「顧客満足度（CS）」の視点とその実践について、イラスト入りで具体的にわかりやすく解説しています。また、「顧客満足（CS）」を実現していくためのポイントとして、第 2 章から第 6 章までの各章ごとに、10 項目からなる「CS チェックリスト」を付していますので、新入社員や若手社員は、自分自身を振り返るためのセルフチェックリストとして使えます。あるいは、上司、OJT リーダー、新人育成担当者、研修講師にとっては、成長度合いをチェックする際の指標として活用できますし、教育プログラムの作成時においては、全体像を把握する際の参考にもなるでしょう。CS 研修を実施する際には、そのまま教科書として使用できるようにもなっています。CS 視点の定着と積極的な CS 活動の実践に役立てればと願っています。

目 次

第1章　企業にとって大切なこと……………中井　嘉樹　5

1　企業にとって大切なこと　6
2　CS（顧客満足）を実現し「顧客からの支持」を獲得する　7
3　固定客化、ファン化に至る流れと3つの原則　8
4　CSを実現するために必要な二つの満足　10
5　目の前の一人ひとりを「顧客」（固定客・ファン）にする　11

第2章　お客さまに会う前の準備とチェック
　………………………………木之下尚令　13

1　お客さまに好感をもたれる身だしなみを心がけている　14
2　身だしなみの乱れをチェックしている　16
3　挨拶の基本動作を身につけている　17
4　お客さまの応対・応接をスムーズに行うことができる　18
5　お客さまを訪問する際のマナーを知っている　21
6　名刺交換をスムーズに行う　23
7　敬語をスマートに使いこなす　25
8　お客さまと距離を縮めるための「場づくり」をしている　27
9　「聞く力」と「質問力」に磨きをかける　29
10　クリンリネスの基本である3Sを実践している　30

第3章　CSを実現するコミュニケーションの
ポイント……………………中井　嘉樹　31

1　CSを実現するための"二つの満足"を知っている　33
2　お客さまの求めていることがズレなく理解できている　34
3　お客さまの置かれた状況も把握している　35
4　特徴と利点を切り分けて説明している　37
5　それぞれのお客さま毎に個別メリットを伝えている　38
6　質問のしかたを工夫している　39
7　言葉によらないコミュニケーションにも気を付けている　40
8　"心の満足"を提供しようと実践している　41
9　自分の心を平静に保つように常にコントロールしている　42
10　「またお越しください」と目を見て言える応対をしている　43

第4章 気付かず見えない顧客不満足 …… 木之下尚令 45

1 お客さまと会う前に顔の表情をチェックしている 47
2 自然な笑顔を心がけている 48
3 自分の動作やしぐさの特徴に気付いている 49
4 好ましくない動作やしぐさを常に意識し、直している 50
5 お客さまの視点で考え、行動できる 51
6 お客さまの表情や態度、しぐさに敏感になる 53
7 満足、不満足の理由をお客さまに尋ねるようにしている 54
8 お客さまの不満の原因を集め、社内で共有している 56
9 満足の声もしっかりと受け止め、今後に活かしている 57
10 他の会社やお店の対応も観察し、参考にしている 58

第5章 適切な苦情対応による CS の実現
……………………………………………… 中井 嘉樹 59

1 「クレームはチャンス」という心構えでのぞむことができている 61
2 お客さまの立場に立って考えることができるように自分をコントロールできている 62
3 クレーム対応をスムーズに進めるための3つのスキルを理解している 63
4 素早く対応し、安心していただけるように努めている 65
5 お客さまの気持ちにも耳を傾ける「きき方」ができている 66
6 生産的なやりとりに持っていけるように積極的に働きかけている 68
7 クレームのタイプ別対応法を実践している 70
8 交渉の落とし所 3つのパターンを知っている 71
9 適切な解決策（代替案）を提示し、お客さま満足を実現している 73
10 悪意のある相手に対しては、きっぱり断ることができる 75

第6章 ワンランクアップの CS を目指す
……………………………………………… 木之下尚令 77

1 顧客でなく、「個客」としてとらえ接している 78
2 お名前でお呼びしている 80
3 お客さまノートと名刺を活用している 81
4 お客さま起点で商品・サービスを提案している 83
5 お客さまがまだ気付いていない潜在ニーズに対する提案も行っている 85
6 客さまの心に響く小さな取り組みをしている 87
7 お買い上げ後のお伺い（ハッピーコール）を欠かさない 89
8 お客さまの要望や意見への対応を「見える化」している 90
9 対人感受性を高めるよう努力している 91
10 一期一会の気持ちでお客さまと接している 93

企業にとって大切なこと

第 1 章

① 企業にとって大切なこと

企業にとって、最も大切なこととはいったい何でしょうか？

　成長することは大切なことですし、利益を上げることも企業にとって欠かすことはできません。また、業績の良い状態が続くことはとても重要なことです。企業活動を行うためには、お客さまも仕入先も大切ですし、企業で働いている人たちは何よりも大切な存在です。

　このように企業にとって大切なことはたくさんありますが、その中でも最も大切なことのひとつとして、「存在し続ける」ということがあるのではないでしょうか。

　会社が消えてなくなってしまっては、成長もできませんし、利益を上げることもできません。もちろん、給与をもらうこともできなくなってしまいます。さらに言えば、会社がなくなって困るのは働いている人とその家族だけに限られることではありません。仕入先やお客さまに対しても大きな迷惑を及ぼすことになります。仕入先にとっては、大切な顧客がなくなってしまうということであり、お客さまにとっては、相談したいときに気軽に相談できる会社がなくなってしまうということに他なりません。例えば、毎日使っている製品が故障した際には、すぐに馴染みのお店に相談したりしますが、そのお店がなくなってしまうことを想像してみてください。いったい、どこへ相談に行ったらよいのでしょうか？どこに修理をお願いしたらよいのでしょうか？想像しただけでも、困った事態に陥ることがわかります。

　これらのことから、働いている人とその家族にとっても、仕入先にとっても、お客さまにとっても、会社がなくなってはいけないということが理解できます。つまり、企業にとって最も大切なことは「いつまでも続くこと」なのです。

　企業が健全に持続できるかどうかは、何によって決まるのでしょう？それは、相応する利益を上げ続けることができるかどうか、ということによって決まってきます。つまり、企業活動とは、突き詰めるところ、「長期利益の獲得・維持」にあると言えるのです。

CS（顧客満足）を実現し「顧客からの支持」を獲得する

　では、「企業が長期的に利益を上げ続ける」ために欠かせないものとは、いったい何でしょうか？その答えは、「顧客からの支持」です。つまり、顧客からの支持を得ている企業は長期的に成功し続けることができ、逆に顧客の支持を失った企業は市場から消えてゆくことになるのです。

　従って、企業活動が目的とするところは、「顧客に選ばれること」、そして「顧客として定着してもらえること」にあると言えるでしょう。

　では、顧客からの支持を得るために、私たちが忘れてはならない重要な視点とは何でしょう？

　その答えが、「CS」です。「CS」とは、「Customer Satisfaction」の略で、日本語では「顧客満足」と訳されます。この「顧客満足」の視点とその実践なくして、顧客からの支持を得続けることは難しいでしょう。

　ここで間違ってはいけないことがあります。それは、私たちが目指す「顧客満足」とは、ただ単に目の前の顧客に喜んでいただけばそれでいい、というものではないということです。

　企業は存続し続けなければならないという原点に立ち返れば、私たちが実現しなければならない顧客満足とは、顧客との良好な関係を築き、さらにその関係を長期にわたって維持できるものでなければならないのです。

　同時に、この顧客満足視点は、顧客と接する職種にだけ求められるものではありません。

　例えば、開発職や製造職、あるいは事務職など、直接に顧客と接点を持たない職種においてさえも、決して欠いてはならない、大切な視点です。

　なぜなら、企業活動の最終的な品質を決めるのは、お客さまだからです。従って、どんな仕事であっても、顧客志向をなくして良質な仕事を行うことはできないのです。

　企業人である限り職種に関係なく、全社員が顧客満足（CS）という視点を欠くことなく、日々の業務に専念することが必要になってくるゆえんです。

固定客化、ファン化に至る流れと3つの原則

　新しい顧客を獲得するためには、既存顧客の約7倍の工数がかかると言われています。このことは、今のお客さまとの関係を維持し続けなければならないことを示しています。こういった視点からも、企業が長期的に成功するためには、CS（顧客満足）の実現による固定客化、ファン化が欠かせないのです。

　では、そこにたどり着くまでにはどんな道筋をたどればよいのでしょうか？それをわかりやすく示したのが下図になります。

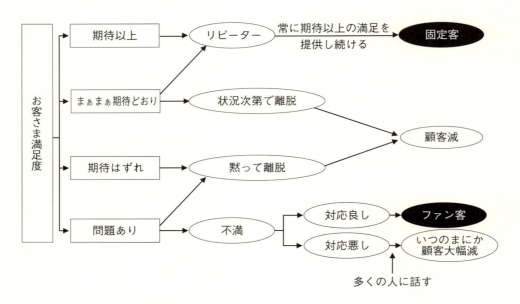

　この図を見ていただければ、次の重要な3つの原則に気付くことでしょう。

（1）固定客・ファン客となっていただくためには二つの道しかない

　顧客の離脱を回避するためには、固定客・ファン客となっていただかなければならないのですが、そこに至るには実は二通りの道しかありません。

　一つは、顧客の期待を満足し続けることによって固定客になっていただく道であり、もう一つは、不満を良好に解消することによってファンになっていただく道です。

(2) 常に期待以上の満足を提供し続ける道

　お客さまは私たちと接する際には、なんらかの期待を持っています。私たちは、その期待を裏切ることなく、その期待やニーズを満足させる必要があります。しかもそれは一度だけではなく、何度も何度もです。その積み重ねが、自社、自店、あるいは自社製品に対する愛用固定化につながるのです。

　ただし、ここで重要なことは、一度満足してしまうと、次回からは同等の価値提供やサービス品質では普通の期待レベルに留まってしまうという点です。

　従って、私たちは常に研鑽努力を積み重ね、提供する価値や品質を向上させ続ける必要があるのです。企業にたゆまぬ努力が求められるゆえんであり、顧客満足を実現し続けるためには企業も私たち一人ひとりも常に成長し続けなければならないのです。

　この道を実現するためのポイントについては、第2章「お客さまに会う前の準備とチェック」、第3章「CSを実現するコミュニケーションのポイント」、第4章「気付かず見えない顧客不満足」、第6章「ワンランクアップのCSを目指す」で記載しています。

(3) 不満をチャンスととらえ、積極的に活用していく道

　本書では、一般にクレームや苦情と言われるものを総称し「不満」と呼ぶことにします。

　昔から「クレームはチャンス」と言われるように、苦情に対して上手に対応し、適切に処理することにより、お客さまからの厚い信頼を得ることができます。「このお店は安心だ」「この人なら信頼できる」という気持ちになってこそ、将来に渡ってファンになっていただけるのです。

　従って、苦情はCSの近道と位置付け、積極的に関わっていく姿勢が必要です。

　この道を実現するためのポイントについては、第5章「適切な苦情対応によるCSの実現」で記載しています。

CSを実現するために必要な二つの満足

　前項でCSの目的はお客さまの固定化・ファン化であり、それによってのみ企業の長期的な成功は約束されるという原則を理解いただきました。
　では、その原則を実現するためには、私たちはどのような努力を重ねればよいのでしょうか？
　私たちがお客さまからの高い満足を獲得するためには、そのための二つの視点を理解し、両方の満足を同時に獲得する必要があります。
　一つは、「効用の満足」であり、もう一つは「心の満足」です。
　「効用の満足」とは、私たちが提供する商品・サービスの機能的・技術的・品質面における満足、すなわちコア・サービによって獲得できる満足をいいます。
　また、「心の満足」とは、私たち自身の応対によって得ることのできる心理的な満足、すなわちホスピタリティ・サービスによって獲得できる満足をいいます。ホスピタリティとは「おもてなし」と訳されます。
　従って、私たちがCSの獲得を目指すためには、この二つの満足を同時に獲得できているかどうかといった視点から、自分をふりかえる必要があります。
　そのために本書では、続く第2章以降の各章において、CSの実践に向けた「CSチェックリスト」を付し、各章ごとに10のチェック項目が記されています。自分をふりかえるために、まずその項目に沿って日頃の自分自身の姿勢や言動をチェックしてみてください。そこで、もし不足していると感じる項目があれば、その項目に該当する本文箇所を読んでいただき、今後に向けた改善に取り組んでいただきたいと思います。

目の前の一人ひとりを「顧客」（固定客・ファン）にする

　ここまでCSの大切さを理解し、CS実現のための二つの満足を同時に獲得することによってのみ、固定客・ファン客となっていただくことができるということを学んできました。
　第1章のまとめとして、著名な経営学者であるピーター・ドラッカーが著書「現代の経営」において、CSについて記載した含蓄のある一文を記します。

　　『事業の目的として有効な定義はただ一つである。
　　　それは、顧客を創造することである。
　　　市場は、神や自然や経済的な力によって創造されるのではない。
　　　企業人によって創造される。』

　ドラッカーは企業活動の本質は「顧客の創造」にあるとしています。
　ここで原書の方を見てみると、ドラッカーからのメッセージとして、少し違ったニュアンスも読み取ることができます。原書「The Practice of Management」では下記のように記されています。

　　『There is only one valid definition of business purpose: *to create a customer*. Markets are not created by God, nature or economic forces, but by business man.』

　ポイントは、原書の中でも斜体で記されている「*to create a customer*」にあります。ここでは、「customers」ではなく、「a customer」となっています。
　著名なドラッカーですから、「顧客」を「customers」ではなく「a customer」としたことには、きっと何か深い意味があることと推察します。私見ではありますが、ドラッカーは、企業活動の本質について、「全社を挙げて顧客創造を行う」というニュアンスだけではなく、「社員一人ひとりが目の前の人を顧客（固定客、ファン客）にする」ということを強調したかったのだと理解しています。
　つまり、「顧客」を、"漠然とした人々の集合体"としてとらえるのではなく、"期待とニーズを持つ一人の人間"としてとらえ、私たち一人ひとりの努力によって、目の前のその方を固定客・ファン客にしていくことが企業活動なのだと言っているのではないでしょうか。
　私たち一人ひとりが目の前にいらっしゃるお客さま一人ひとりと真摯に向かい合うこ

第1章　企業にとって大切なこと

11

とによって、その一人ひとりのお客さまを自社の固定客・ファン客にすることこそが企業活動であり、その積み重ねが企業を長期的に成功させることになるのです。そして、それを実現するための重要な視点が「CS（顧客満足）」なのです。

　本書では、CS（顧客満足）を実現していくためのポイントとして、第2章から第6章までの各章ごとに「CSチェックリスト」を付していることはすでにお伝えしていますが、このチェックリストの具体的な使い方について、下記に補足いたします。

　新入社員や若手社員の皆さまは、このチェックリストに従ってセルフチェックを重ね、一項目ずつ意識することによって、ビジネスマンとして欠かせないCSの視点とそれを実現するためのスキルを一つずつ確実に身に付けることができます。

　また、上司やOJTリーダー、育成担当者、あるいは研修講師の皆さまにとっては、新入社員や若手社員の成長度合いをチェックする際の指標として活用できます。あるいは、教育プログラムの作成時において、全体像を把握する際にも参考にしていただけるものと思います。具体的に研修を実施する際には、そのまま教科書として使用できるようにもなっています。

　多くの皆さまが本書を活用することにより、積極的にCS（顧客満足）活動に取り組み、顧客からの信頼を得て、顧客に支持される企業を作っていっていただけることを心から願ってやみません。

お客さまに会う前の
準備とチェック

第2章

CS チェックリスト

No		
1	お客様に好感を持たれる身だしなみを心がけている	
2	身だしなみの乱れをチェックしている	
3	挨拶の基本動作を身につけている	
4	お客さまの応対・応接をスムーズに行うことができる	
5	お客さまを訪問する際のマナーを知っている	
6	名刺交換をスムーズに行う	
7	敬語をスマートに使いこなす	
8	お客さまと距離を縮めるための「場づくり」をしている	
9	「聞く力」と「質問力」に磨きをかける	
10	クリンリネスの基本である 3S を実践している	

1

お客さまに好感をもたれる身だしなみを心がけている

　入社間もない新入社員も30年間勤務したベテラン社員も、お客さまからすれば誰もが同じその会社の代表ということになります。つまり、皆さまが現在の会社でどのようなポジションや役職に就き、勤務年数が何年であろうとお客さまには関係がないのです。お客さまは、皆さまの会社と良いお付き合いをしたいと願っています。私たちが、その期待を裏切るようなことがあれば、お客さまは他の会社の方へ目が行ってしまうことでしょう。

　お客さまから信頼を得て、取引に値する会社だと思ってもらうためにはまず会社の「代表」である皆さまの第一印象が大きなカギを握ります。もし、若手社員や新入社員が仕事面で至らない点があったとしても、第一印象である身だしなみをきちんと整えて

いれば、それだけで好感が持てます。反対にいくら仕事面が優れていても、身だしなみが乱れているとお客さまに対し不信感と不快感を与えてしまいます。

　身だしなみにおいて最も気をつけないといけないのは服装です。

　制服の有無にかかわらず、着崩すことは論外です。洗濯した清潔なものを正しく着なければなりません。また、名札の位置や方向、胸ポケットのほころびやネクタイや襟の汚れ、ストッキングの色や伝線など細かな部分にも気をつける必要があります。靴は、その種類や色、形もビジネスシーンに適したものを選び、汚れや傷みはもちろんのこと履き方にも配慮が必要です。

　また、髪や爪、髭の手入れも怠ってはなりません。特に、髪型や髪の色は、服装同様に人物を強く印象付けてしまいますので奇抜なものは避け、お客さまの前に出る前には必ず頭髪に乱れはないか、肩の上にフケや頭髪が落ちていないかなどしっかりチェックしましょう。派手なデザインの付け爪やネイルアートもビジネスシーンにおいては受け入れられない場合が多いので仕事の時は避けた方がよいでしょう。その他、華美なお化粧、香りのきつい香水、ピアスやネックレスの着用、口臭や体臭にも十分に注意しましょう。

　お客さまの見方、感じ方、考え方は千差万別です。どのようなお客さまに接する場合でも、不快感や嫌悪感を与えないようにお客さまの視点で自らの外見を整える意識を持ちましょう。

第2章　お客さまに会う前の準備とチェック

② 身だしなみの乱れをチェックしている

　朝、仕事が始まる前にきちんと身だしなみを整えたつもりでも、時間がたつと服装が乱れたり靴が汚れたりしてしまいます。

　お客さまをお迎えする前や客先を訪問する前には、その都度必ず鏡の前に立ち、自らの身だしなみをチェックする習慣を持ちましょう。同僚や上司などにお願いしてチェックしてもらうのもよいかもしれません。

　また、外出途中に雨に降られ服や靴が濡れたり髪が乱れたりすることがあります。さらに、食事の際に料理がこぼれたり飛び散ったりして服にシミがついてしまうこともあります。

　このような場合は、ついつい外出先なのだから仕方ないというような気持に陥りがちですが、もしかしたら今からお会いするお客さまにとっては、今日の初めての来客かもしれません。事情を知らないお客さまはしかたないとは思ってはくれないのです。

　このような不意の事態に対しても応急処置ができるように、以下のものを更衣室のロッカーやかばんに入れて準備をしておきましょう。

・予備のストッキングやネクタイ
・静電気を防止するスプレー
・簡易なソーイングセットや両面テープ
・折りたたみ傘、タオル、ウエットティッシュ
・手鏡、櫛、整髪料
・歯磨きセット、口臭防止スプレーなど口臭ケア用品

③ 挨拶の基本動作を身につけている

　挨拶においては言葉と動作、表情は三位一体であり、場面や状況によって使い分けることができないといけません。正しい挨拶とマナーは顧客満足を高めるための基本です。

　「挨拶」とはもともと、禅宗のお坊さんが押し問答を繰り返し、お互いにその悟りの深さを試し合うことを指します。「挨」には「押す」、「拶」には「迫る」といったような意味があります。転じて現在では、相手に対して尊敬や親愛の気持を表す動作や言葉のことを意味するようになっています。

　「挨拶」にはこのような由来があることを考えれば、相手がお客さまであっても社内の人であったとしても、共通する大切な基本は、相手を一人の大切な存在として認め、誠実に向い合うことではないでしょうか。

　挨拶を行う際のポイントについて二つ記します。

(1) 語先後礼

　言葉を発すると同時に礼をするのでなく、先に言葉、後に礼をする、もっとも丁寧な挨拶です。相手の目を見てハキハキと気持ちを込めて発声し、その後で頭を下げます。

(2) お辞儀

　背筋を伸ばしたまま腰を折りますが、角度は、15度（会釈）、30度（敬礼）、45度（最敬礼）があり、その場の状況や雰囲気に応じて使い分けます。

　逆に、私たちが注意しなければいけない挨拶は、下記のような挨拶です。お客さまに良い印象を与えないどころか、むしろ頼りない印象を与えてしまうことでしょう。

・頭だけぴょこんと下げる挨拶
・言葉だけしか発しない挨拶
・言葉が不明瞭で何を言っているのかわからない挨拶

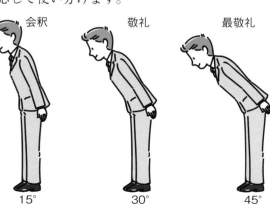

お客さまの応対・応接をスムーズに行うことができる

　ここでは、お客さまがお見えになってからお帰りになられるまでの、一般的な応対の手順や方法について記します。

(1)　お客さまをお迎えするとき

　お客さまがお見えになった際には、明るく元気に、笑顔で「いらっしゃいませ」と挨拶します。この後に、「おはようございます」「こんにちは」という言葉を添えると、より親しみと暖かみのある挨拶となります。この時のお辞儀の角度は30度程度がよいでしょう。さらに、お客さまとの関係性や状況に応じて「はじめまして」「いつもお世話になっております」という言葉や「お忙しい中、お越しいただきありがとうございます」「お足元の悪い中、お越しいただきまして」などの気遣いやねぎらいの言葉を添えるとお客さまの気持ちも和らぎ、この後の会話もスムーズに進みます。

(2)　お客さまをご案内するとき

　お客さまを応接室や会議室などにご案内するときは、お客さまの左側斜め前を歩きます。このとき、お客さまのペースに合わせて歩くことが大切です。エレベーターを使うときは、自分が先に乗りドアを手で押さえお客さまにお乗りいただきます。お客さまに背を向けないように操作ボタンの前に立ち、降りる際は、ドアを押さえてお客さまに先に降りていただきます。

　部屋に着いたら、中に誰もいないことがわかっている場合でも必ずドアをノックします。入室の際には、押して開けるドアの場合は先に自分が入りドアを押さえ、手前に引くドアの場合はドアを押さえてお客さまを先に中へ誘導し、後から自分が入ります。

　ソファにお座りいただくときは、出入口から最も離れた位置（上座）にお座りいただくようご案内します。

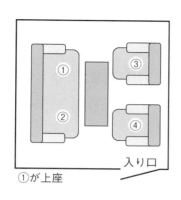
①が上座

(3) お客さまにお茶をお出しするとき

　お茶を入れる前に、必ず器に汚れや欠けがないかをチェックします。そして、商談に入る前にお出しするのが一般的です。

　お茶をお持ちする際は、ノックをしてから「失礼いたします」と言って入室し、扉を閉めてお客様に一礼の後、上座のお客様からお茶を出します。この時、茶碗の絵柄がお客様の正面に来るように、カップであれば持ち手が右側に来るようにし、お客さまの右斜め前に置くようにします。

　お茶を出し終えたら、お盆の表が外側に向くように縦にして身体に沿わせるように持ち、扉の前で一礼し「失礼いたしました」と一言添えて退室します。

　また、会議などが長引くような場合には、古いお茶をいったん下げて、新しい飲み物をお持ちする心遣いも大切です。2回目はコーヒーなど違う飲み物にするほうがいいでしょう。

(4) お客さまをお見送りするとき

　お客さまが話を切り上げたタイミングを見計らい「本日は、どうもありがとうございました」とお礼を述べます。

　お客さまの帰りの支度は、お客さまのペースに合わせ、決してせかさず「ごゆっくりお支度ください」と声をかけます。お客さまの支度が整った様子を見届けてから扉を開け、廊下へ出てエレベーターや階段または玄関までご案内します。

　廊下や階段での歩き方、エレベーターへの誘導については、お出迎えの場合と基本的

には同じです。ただし、お客さまといっしょにエレベーターに乗らない場合は、エレベーターが来たらボタンと扉を押さえてお客さまにお乗りいただき、扉が閉まる前に挨拶し、完全に閉まるまでお辞儀をしてお見送りをします。

　また、特別に重要なお客さまや苦情のお客さまなどは、玄関前までのお見送りをします。その場合は、玄関から出る前に丁寧に挨拶し、玄関を出たら再度丁寧にお辞儀をして姿が見えなくなるまでお見送りします。

ボタンと扉を押さえて
お乗りいただく

扉が完全に閉まるまで
お辞儀をする

お客さまを訪問する際のマナーを知っている

　ここでは、お客さまを訪問する際に身につけておきたいマナーについて学びます。

　建物に入る前にはコートや帽子を脱いで片手に持ちます。そして、訪問する際の大切なポイントは、面談をするお客さま以外の方に対してもマナーを外さないということです。

　受付の手前で軽く会釈し、近づいたらもう一度礼をして「失礼します」「お忙しいところお邪魔いたします」と挨拶し、名刺を差し出し社名と名前を告げ「○○部の○○様にお目にかかりたいのですが‥」と取次をお願いします。

　訪問先の社内では、姿勢や歩き方にも気をつけましょう。廊下は中央を歩かず端寄りを歩き、エレベーターに乗る場合は他の人の後ろから乗り、後ろから降りるようにしましょう。また、自分だけが途中の階で降りるときは、乗っている人に軽く会釈をしてから降りるようにします。

　部屋へ入る時は、ノックをし、お客さまからの返事を待ってから扉を開け「失礼します」と挨拶しながら入室します。そして、お辞儀をした後、後ろに向き直り扉を閉めます。この時、扉は決して後ろ手に閉めてはいけません。

　席には、お客さまから促されるのを待って、「失礼いたします」と言って座ります。

　また、案内の人に部屋に通された後、しばらく座って待つように言われた場合、示された位置に座って待ちますが、位置を示されない場合は出入口に最も近い下座に座ります。

　また、部屋に通されただけで何の案内もない場合は、下座の近くで立って待ちます。

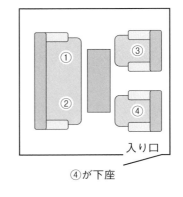

④が下座

　お茶を出していただいたら、「ありがとうございます」とお礼を述べ、「いただきます」とひと言添えてから口にします。会話の状況に合わせて「のどが渇いたら飲む」といったペースで飲むとよいでしょう。飲み終わったら必ず「ごちそうさまでした」とお礼を伝えます。

　面談が終わりましたら、その場でお辞儀をした後に扉の前まで進み、振り返ってもう一度お辞儀をします。部屋から退出する際にも扉を開けたまま振り返り「ありがとうございました」とお礼を述べ、会釈をして扉を閉めます。

部屋の外に出ても他の人に見られていることを意識して気を緩めないようにしましょう。周囲の人や受付の人にもきちんと挨拶をして訪問先を後にします。

名刺交換をスムーズに行う

　名刺交換は、毎日の仕事の中で頻繁に行われる所作であるにもかかわらず、そのマナーやルールが曖昧にされがちなビジネスマナーといえます。特に、新入社員や経験の浅い方の中には名刺を交換する手順や進め方に自信のない方が多いのではないでしょうか。

　名刺交換は、初対面の人同士が「これからよろしくお願い致します」という気持ちを込めて行う、初めての共同作業です。

　長いお付き合いの始まりの瞬間ともいえる、この名刺交換が正しくできるかできないかで第一印象が大きく変わってしまいます。また、ビジネスの場においては、親しいお客さまから予告なく初対面の方を紹介されるといったこともよくあります。

　洗練された名刺交換の所作を身に付けるためのポイントを記します。
・名刺は、常に10枚以上は携行しましょう。
・名刺入れは、ワイシャツや背広のポケットなどすぐに取り出せるところに入れておきます。いざという時にかばんの底などをごそごそと探しまわることがあっては、相手を待たせることになり失礼にあたります。何よりも、見た目もよくありません。

・一般的な名刺交換の手順は下記のようになります。
　①お客さまより先に名刺を渡す。
　②上司と同席の場合は、上司の名刺交換が終わるのを待つ。
　③名乗りながら、自分の名刺を相手の読める向きにして胸と同じ高さで差し出す。
　④お客さまの名刺は、左手、もしくは名刺入れをお盆にして受け取る。
　⑤名刺を受け取ったら、一礼して「〇〇様でいらっしゃいますね。よろしくお願い致します」とお客さまの名前を復唱する。
　⑥もらった名刺はすぐしまい込まず、面談が終わるまで、机の上に自分から見て左側にきれいに並べおく。もし、資料などが多くて名刺が邪魔になる場合は「失礼します」と言って名刺入れにしまってもかまわない。
　上記はあくまでも一般的な手順になりますので、状況に応じて臨機応変に対応できるようになりましょう。

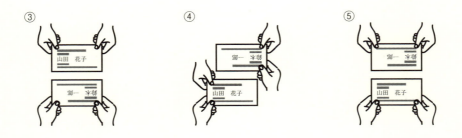

24

敬語をスマートに使いこなす

　社会人経験の少ない方の中には、お客さまとうまく会話ができず話が続かない、お客さまに対してどのような言葉遣いをしてよいのか分からない、などの悩みを持つ方も多いことでしょう。

　ビジネスシーンにおいてその場にふさわしい言葉遣いができる人は、相手を気遣い敬う気持ちと社会的な常識を持ち合わせた信頼に足る人と判断されます。反対に、ぞんざいな言葉遣いしかできない人は、最初の段階でお客さまから敬遠されてしまうため会話の内容も浅くなってしまい、その後の良好な信頼関係を築くことも難しいでしょう。

　敬語をしっかりと身につけ、ビジネスシーンにふさわしい言葉遣いが自然にできるようになりましょう。

　一般的によく使う敬語には主に下記の4種類があります。

種類	意味	使用例
尊敬語	相手や相手の行動を敬い、相手を高める表現 相手がお客さまや上司など自分より目上の人の動作を述べる場合	行く・来る・いる⇒いらっしゃる 言う⇒おっしゃる する⇒なさる 食べる・飲む⇒召し上がる くれる⇒くださる 見る⇒ご覧になる
謙譲語	自分がへりくだることで相手を高める表現 相手がお客さまや上司など自分より目上の人に対して自分が行う動作や行動を述べる場合	尋ねる⇒伺う 言う⇒申し上げる もらう⇒頂く 会う⇒お目にかかる 見る⇒拝見する 来る⇒お越しいただく 行く⇒参る 言う⇒申す する⇒いたす 知る・思う⇒存じる
丁寧語	相手に対して丁寧に述べる表現	おいしい⇒おいしゅうございます 軽い⇒軽うございます
美化語	ものごとを美化する表現	酒⇒お酒　祝儀⇒ご祝儀

その他にもビジネスシーンの会話の中で頻繁に使われるものに以下のようなものがあります。

これらもお客さまとの会話の中で自然に使えるようになっておきましょう。

・御社（おんしゃ・相手の会社）

・弊社（へいしゃ・自分の会社）

・私共（わたくしども・自分たち）

敬語の使い方で間違いやすいものに「二重敬語」があります。 文字どおり敬語が重ねて使われているケースです。 気づきにくい間違いですので、意識して修正しましょう。

（例）　先生がおっしゃられていました（×）⇒　先生がおっしゃっていました

　　　　社長がご覧になられました（×）⇒　社長がご覧になりました

　　　　社長様（×）⇒　役職を表す言葉はそれ自体が敬語であるので「様」は不要

また、敬語ではありませんが、よく聞かれる間違った表現にも気をつけましょう。

（例）　こちらの商品でよろしかったでしょうか（×）⇒　こちらの商品でよろしいでしょうか

　　　　こちらがわが社の商品になります（×）⇒　こちらが弊社の商品です

　　　　こちらがご注文のステーキのほうになります（×）⇒　こちらがご注文のステーキでございます

　　　　1万円からお預かりいたします（×）⇒　1万円お預かりいたします

お客さまと距離を縮めるための「場づくり」をしている

　商談の際に、きちんとした挨拶もなおざりにしたままでいきなり本題に入ったとしても、お客さまに聞く耳を持っていただけることはまずないでしょう。特に、お客さまと初対面であればなおさらです。お客さまとの間に心理的な壁が残ったままでは、信頼関係を築くことはできません。信頼関係のベースがない状態では、いくら熱弁をしてもお客さまの心には届くことはないでしょう。

　お客さまとの間の壁を取り除き、信頼関係を築くためには、会話の準備が必要です。

(1) 場づくり

　面談の場は、挨拶の後の話題の切り出し方に大きく左右されます。この後の商談が、お互いにとって良い時間となるための、あたたかな雰囲気作りを心がけなければなりません。

　例えば、「だいぶん暖かくなりましたね。駅からこちらまでの通りの桜並木のつぼみも膨らみはじめていますね。」「御社の建物はたいへんご立派ですね。受付の方の受け答えもしっかりされていますね。」などのように、天候や季節、道中の様子、あるいはお客さまの会社の建物や雰囲気などの感想から話を切り出すことで場が和み、自然に会話に入ることができます。

　また、お客さまをお迎えするときは、「たいへんお暑い中、わざわざご足労いただきありがとうございます。今日は、この夏一番の暑さだそうですね。」「遠いところお越しいただきありがとうございます。朝は何時ごろご出発になられましたか。」などのように、天候の話題などとともに、わざわざお越しいただいたことへのねぎらいと感謝の気持ちもあわせてお伝えしましょう。

　いずれにしても、会話を自己完結で終わらせるのでなく、その後も相手から返答が返ってくるような会話の投げかけを心がけることが重要です。

(2) 会話に行き詰まらないようにするための準備

　お客さまとの会話をスムーズに進めるためには、お客さまとお会いする前の事前準備がポイントとなります。

　例えば、お会いするお客さまやお客さまの会社について事前に調べたり、あるいは関連する業界のことやお客さまの会社がある町や地域のことなどについてもホームページ

やSNSなどで情報を収集しておきましょう。

さらに、駅から会社までのみちのりや途中の商店街や人びとの様子を観察しておくと、最初の会話の切り出しや途中で会話が行き詰ったときの話題として使うことができます。

会話に慣れた人ほど、十分な下調べを行っています。

「聞く力」と「質問力」に磨きをかける

　会話のうまい下手は、話術の巧妙さや豊富な話題だけで決まるものではありません。「話し上手は聞き上手」と言われるように、お客さまが話していることをしっかり聞くことができる人が「話し上手」なのです。なぜなら、聞くことが上手な人は、お客さまの言いたいことや思っていることをしっかりとつかみ取ることができるので、お客さまに対して適切にお応えしたり、的を得た質問を行えるからです。

　私たちが「聞き上手」になれば、自然と会話もスムーズに進み、お客さまにも気持ちよく会話を進めていただけます。そして、私たちにとって有益な情報も提供していただけます。

　「聞き上手」になるためには、お客さまのお話しに興味を持ち、耳を傾け共感することが大切です。また同時に、お客さまと親しくなりたいという強い気持ちが、お客さまに伝わらなければなりません。

　そのためには、「うなずき」「相づち」「質問」の3つのサインで、お客さまに興味を持っていること、お客さまのお話しを聞いていること、お客さまのお話しに共感していることを示す必要があります。さらには、お客さまの言葉をもう一度繰り返し復唱確認することもお話しを誠実に聞いているという証になります。

　これらの所作は、決して表面上のテクニックだけではなく、お客さまと信頼関係を築きたいという気持ちの表れであり、顧客満足を実現するための重要な要素ともなります。

第2章　お客さまに会う前の準備とチェック

10 クリンリネスの基本である3Sを実践している

　皆さまが、どれだけ頑張って身だしなみを整え丁寧なご挨拶をしたとしても、ゴミが落ちている床や手垢が付いたままのガラス窓に接すれば、たちどころにお客さまの信頼は損なわれてしまいます。

　クリンリネスを実践するためには「整理・整頓・清掃」（3S）の推進が基本となります。特に、「整理」と「整頓」は混同しやすいので、その違いをしっかり理解しましょう。

　クリンリネスは、お客さまの目に直接触れる店頭や受付のあるオフィスのみならず、倉庫や更衣室、休憩室、トイレなどバックヤードも同様に心がけなければなりません。

　3Sのそれぞれの意味は、下記の内容になります。

> 整理　必要なものと不要なものをはっきり区別し、不要なものを取り除くこと
> 整頓　必要な時に必要なものをすぐに取り出せるように、決められた場所に決められたとおりに正しく戻しておくこと
> 清掃　拾う、掃く、拭く、磨くなどの作業を繰り返し常に清潔な状態を保つこと

　3つのSは、いずれも日ごろの仕事の中では当然のことと考えられていることばかりですが、継続してきちんと実践することはたいへん難しく、忙しくなるとついおろそかとなりそのまま実行されなくなってしまい、結局、もとの状態に戻ってしまうということがよくあります。これは挨拶や身だしなみの励行にも通じるところがあり、クリンリネスをしっかりと続けていくためには下記のようなルールを作り、進めていくことが重要です。

・清掃場所を区分していつ、誰がするのかを決めて実施する
・清掃用具は常に使いやすい状態にしておく
・清掃のマニュアルやチェック表を作る
・汚れやごみ、埃を見つけたらすぐにその場で清掃することを習慣づける
・どこに何をいくつ置くかを決め、わかりやすく表示する
・必要と不要の基準、処分の方法とルールを決め、不要と思われるものは一定期間保管後処分する

CSを実現する
コミュニケーションのポイント

第3章

CS チェックリスト

No		
1	CSを実現するための"二つの満足"を知っている	
2	お客さまの求めていることがズレなく理解できている	
3	お客さまの置かれた状況も把握している	
4	特徴と利点を切り分けて説明している	
5	それぞれのお客さま毎に個別メリットを伝えている	
6	質問のしかたを工夫している	
7	言葉によらないコミュニケーションにも気を付けている	
8	"心の満足"を提供しようと実践している	
9	自分の心を平静に保つように常にコントロールしている	
10	「またお越しください」と目を見て言える応対をしている	

CSを実現するための"二つの満足"を知っている

　私たちがお客さまからの満足を獲得するためには、二つの満足を理解し、その両方の満足を獲得する必要があることは、第1章で学びました。
　一つは、「効用の満足」であり、もう一つは「心の満足」です。

　第2章の復習を兼ねて二つの満足を整理すれば下記のようになります。

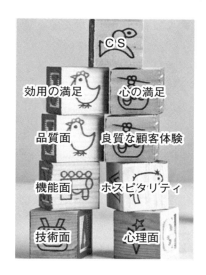

　私たちは、この二つの満足の獲得を目指し、お客さまとのコミュニケーションを進めなければなりません。
　本章においては、このCSを実現するためのコミュニケーションのポイントについて記します。
　第1項から第6項までは、主には「効用の満足」獲得のためのポイントを、第7項から第10項までは「心の満足」を獲得するためのポイントを記しています。

第3章　CSを実現するコミュニケーションのポイント

33

お客さまの求めていることがズレなく理解できている

　私たちは、お客さまと会話をする際に、自社の商品やサービスについてより多く知っていただこうと懸命に努力します。もちろん、この姿勢はとても大切なことなのですが、ここでコミュニケーションについて改めて考えてみたいと思います。

　「コミュニケーション」という言葉は、広く普通に使われている言葉なのですが、さてその意味を問われたら、皆さまはなんとお答えになりますか？

　英語の辞書を引くと「伝達・交信」などが挙げられますが、どうも今一つピンときません。もう少し腑に落ちる日本語はないものなのでしょうか？

　「コミュニケーション」という言葉を「相互理解」という言葉に置き換えてみると、意外としっくりくるのではないでしょうか。この視点から考えてみると、私たちが普段何気なく使っている「コミュニケーションをとる」とは、「相互に理解しあう」といった意味であることがわかります。

　つまり、コミュニケーションとは一方通行であってはならないということです。私たちは、ともすると、"売らんがな精神"で、一方的にまくしたてることがありますが、それはコミュニケーションとは言い難いでしょう。私たちは、ツーウェイコミュニケーションによって、お客さま理解を深めることから始めなければならないのです。

　では、私たちがお客さまを理解したと言えるためには、お客さまの何を知ればよいのでしょうか？

　それは、「お客さまが求めていること」を知り、理解することにほかなりません。

　この「お客さまが求めていること」を、「ニーズ」、あるいは「ウォンツ」といいます。

　お客さまが口に出して「○○がほしい」とおっしゃったことがニーズであり、その欲しいと思っている商品・サービスを通して最終的に実現したいことが「ウォンツ」になります。

　つまり、お客さまのニーズやウォンツを正確に理解することが、お客さまとコミュニケーションをとるということに他ならないのです。

　私たちは、お客さまが心の中で見ているものを理解し、それと同じものを見ながら会話を進めなければならないということがわかります。

③ お客さまの置かれた状況も把握している

　お客さまの役に立ち、お客さまに喜んでいただくためには、目の前のお客さまのニーズを把握することがポイントになりますが、それだけでは十分とは言えません。

　ニーズは置かれた状況から生まれますので、お客さまの置かれた状況、つまりニーズを生んだ背景まで深く理解することがファンづくりへの第一歩となります。

　例えば、自転車を購入したいとご来店したお客さまに対して、自転車店が提供できる自転車の種類はたくさんあります。普通のシティ車もあれば、ロードバイクもあるし折りたたみ自転車もあれば、電動補助自転車まで、多種多様の自転車があります。

　自転車を見に来られた目の前のお客さまが、「なぜ今、自転車を必要としているのか？」といったようなニーズを生んだ背景まで把握できれば、そのお客さまにとって最も適した自転車を紹介することができます。

　例えば、近くのスーパーへ買い物に行く際にこれまでの自家用車から健康のために自転車に変えようとしている、坂道の上にある駅まで通学するための自転車を探している、お子様を保育園まで送り迎えする際に便利な自転車を求めている、あるいは、長いスカートをはいて乗ることが多いため、スカートガードが装備された婦人用自転車でなければならない等々、お客さま一人ひとりの置かれた状況によって最適な自転車は異なってくるのです。

第3章　CSを実現するコミュニケーションのポイント

このようにして選定された商品・サービスは、すべてのお客さまに対して最大の満足を提供することが可能となります。

　つまり、私たちは、顧客満足を実現するためには、私たちが取り扱っている商品・サービスについてお客さまに知っていただくだけでなく、お客さま毎のニーズとそのニーズを生んだ背景を把握し、それらに適した商品・サービスを提案しなければなりません。

　従って、私たちはまずお客さまのことを知らなければならないのです。

特徴と利点を切り分けて説明している

　お客さまのニーズとそのニーズを生んだ状況を理解し終えたら、次はいよいよ私たちの持っている商品・サービスについて、お客さまに情報を提供し、提案するステップとなります。お客さまのことを知っただけでは、お客さまの役に立ち、リピーターとなっていただくことができないからです。
　顧客満足を実現するためには、効果的に情報を提供しなければなりません。
　効果的な情報提供に欠かせないポイントは、私たちの有する商品・サービスの情報を「特徴」と「利点」に切り分けて整理・提供することです。

　特徴と利点とは下記になります。

特徴	商品やサービス、あるいは会社や店舗の有する特性（性能・スペック）等の客観的な事実（誰が見てもわかるもの）
利点	特徴がお客さまにもたらす価値（メリット）

　商品・サービスの提供側である私たちは、対象となる商品・サービスに限っていえばお客さまよりはるかに多くの知識があり、経験もあります。例えば、住宅を販売している営業マンにとっては、毎日会話しているごく普通に感じられる知識であったとしても、初めて住宅を購入するお客さまにとっては、初めて耳にする言葉かもしれません。
　従って、「特徴」さえ伝われば、お客さまは、ご自身にとっての価値やメリットも同時に理解してくれたはずだというようなことは、売り手側の思い込みと言えるでしょう。
　私たちは丁寧に利点も伝えなければならないのです。

（特徴）　この手帳は硬い表紙を採用しています。
（利点）　だから、立ったまま、片手で持って筆記することができます。

それぞれのお客さま毎に個別メリットを伝えている

　利点には、「誰にでもいえる利点」と「あなたにとっていえる利点」という二つの利点があります。

　一つ目の「誰にでもいえる利点」とは、「一般的な利点」とも言われ、すべてのお客さまに対して言える利点を指します。前項の「立ったまま、片手で持って筆記することができます」が、これにあたります。
　しかしながら、一般的な利点だけでは、感覚的にはそれは便利だとわかってはいるものの、自分が関わる具体的なシーンが思い浮かばなければ、本来の有用性や価値を理解することは難しいでしょう。本当に役立つことを納得していただくためには、それぞれの個別状況の中で具体的にイメージできなければならないのです。
　前項からの硬い表紙の手帳を例に挙げて考えてみましょう。例えば、建物の検査をする人にとっては、不具合個所をメモする際に使いやすいと思うでしょうし、新聞記者にとっては、インタビューアーの話したことの要点を速記する際に効果を発揮することでしょう。あるいは、バードウオッチをする人にとっては、状況に応じて手早くメモを取ることができます。
　このように、お客さまに満足していただくためには、お客さま一人ひとりに対して「あなたにとっていえる利点」、すなわち「個別的な利点」を提示できなければなりません。
　「個別的な利点」こそが、それぞれのお客さまにとっての「価値」だからです。

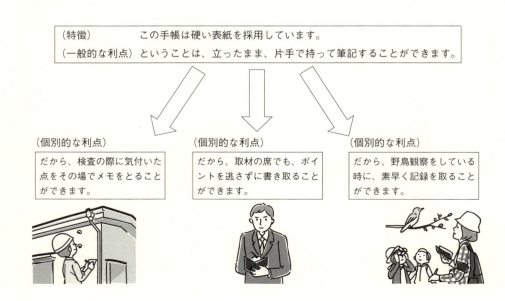

質問のしかたを工夫している

　前項で、お客さまにご満足いただくためには、商品・サービスを提供する側である私たちが、お客さま理解を深めることが重要であることを学びました。

　お客さま理解を深めるために、私たちは効果的に質問を行って積極的にお客さまのことを知ろうとする努力が必要となります。

　本項では、効果的な質問の進め方について学んでいきます。

　質問には大きく分けて二つのしかたがあります。オープンクエッション（拡大質問）とクローズドクエッション（限定質問）です。

種類	オープンクエッション	クローズドクエッション
内容	お客さまに自由に話してもらうための質問。答えを限定しない質問。	お客さまの答えを最初から限定している質問。Yes か No で答えを求めたり、複数の選択枝を提示したりする質問。
メリット	お客さまを幅広く理解することができる。	こちらが知りたいことに焦点を合わせて聞くことができる。
デメリット	お客さまの答えが多方面に渡るため、会話をコントロールできず、全体として漠然とした理解に留まってしまうことがある。	こちら側の理解の範囲を超えた質問ができず、狭い理解に留まってしまう。一方的な質問のため、お客さまは不快感をもつこともある。
質問例	「連休はどのように過ごす予定ですか？」「どのようにしたいとお考えですか？」「その点について詳しく教えていただけませんか？」	「やはり海外をお望みですか？」「色は濃い方がいいですか？ それとも淡い方がよろしいですか？」「原因を特定できないのですか？」

　私たちがお客さま理解を深めるためには、この二つの質問の比重についてどのように考えながら会話を進めたらよいのでしょうか？

　お客さまからの幅広い答えを引き出すことができるという点から、オープンクエッションを中心とした質問が推奨されます。お客さまには、気持ち良く、自由に話していただけることでしょう。

　ただし、オープンクエッションに偏りすぎると、焦点が定まらず、漠然としたやりとりになってしまうため、逆にお客さま理解が浅くなってしまう心配もあります。

　結論としましては、オープンクエッションでお客さまに自由に話していただき、その中からほぼ範囲を絞り込みます。その絞り込んだ範囲に対して、クローズドクエッションを当て特定していく流れが理想的な流れといえます。

言葉によらないコミュニケーションにも気を付けている

　コミュニケーションと聞くと、一般的には、どのように会話を進めるとか、なにを話すといったような、言葉によるやりとりを思い浮かべることと思います。

　しかし、コミュニケーションには、言葉によらないコミュニケーションもあるのです。

　そう聞くと、いったいなんのこと？　と思うことでしょう。

　お店に入った際に、店舗スタッフのお迎え態度によって、お店に対する気持ちが大きく左右された経験は誰しも持っていることと思います。例えば、店舗スタッフが遠くからでも目と目を合わせて笑顔で軽く会釈してくれたお店と、店舗スタッフが背を向けたまま返事もなく、手元の仕事をそのまま続けているお店とでは、私たちが受ける印象は大きく異なります。無言の動作ひとつで、お店の評価が決まってしまうといっても過言ではありません。

　このことからもわかるように、言葉を交わす前の段階で、すでになんらかのやり取りが行われおり、それらを元に判断されているわけです。私たちの日常では、至るところでこのような言葉以外でのコミュニケーションが行われているのです。

　このような非言語のコミュニケーションのことを、「ノンバーバルコミュニケーション（言葉によらないコミュニケーション）」といいます。逆に、言葉によるコミュニケーションは、「バーバルコミュニケーション」といわれます。

　ノンバーバルコミュニケーションは、良くも悪くも、私たちの人間関係に大きな影響を及ぼします。

　では、私たちが気を付けなければならないノンバーバルコミュニケーションにはどんなものがあるのでしょうか？

　代表的なノンバーバルコミュニケーションとしては、視線・表情・態度・姿勢・身ぶり・手ぶり・外見・服装・ゼスチャー・マナーなどがあり、これらのコミュニケーションを通して、感じの善し悪しやその人の人柄が相手に伝わっていくのです。

　私たちの何気ない言動が、サービスの品質に大きな影響を与えていることを忘れてはなりません。

"心の満足"を提供しようと実践している

　お客さまから高い満足をいただくためには、提供する商品・サービスによる「効用の満足」だけでなく、もう一つの満足である「心の満足」も必要になります。この二つの満足が揃って初めお客さまは高い満足をいだいてくれます。

　心の満足は、お客さまと直接接している私たち以外の人には提供することはできない満足です。言い換えるなら、この心の満足を提供できるのは、お客さまと接している私たちだけなのです。

　では、お客さまは、私たちと接する際に、なにを期待しているのでしょうか？

　下記の余白に思いつくことを書き出してみてください。

　（自分が顧客としてお店に入る際のことに置き換えて考えれば、いろいろ思い浮かぶことでしょう）

> ホスピタリティ・サービス（心理的なこと）に関することで
> 「あなた、もしくはあなたのお店・会社がお客さまから期待されていること」は何だと思いますか？思いつくままに書き出してください。
>
>
>
>
>

　いかがでしたでしょうか？

　私たちは、日常の中でお客さまの立場で考えようと意識していますが、本当にお客さまの気持ちになれているかと問われれば、自信を持って答えられない場面も多いのではないでしょうか。忙しく追われている毎日であることを考えれば、ある程度は仕方がないことかもしれませんが、改めて強く心がける必要を感じてもらえたことと思います。

　お客さまに良質な顧客体験をしていただけてこそのCSであることを、私たちは忘れてはならないのです。

第3章　CSを実現するコミュニケーションのポイント

41

自分の心を平静に保つように常にコントロールしている

　お客さまと良好なコミュニケーションを進める上で、一番の障害は私たち自身の心の状態です。

　例えば、自分が今、お客さまに対してどういう態度をとろうとしているのか？なにを言おうとしているのか？あるいは自分が今どういった心の状態にあり、それがお客さまとのやりとりにどういった悪影響を及ぼそうとしているのか等々について、常に自分で自分を観察し、自分をコントロールしている必要があります。

　私たちの心の状態を混乱させる要因には、時間に追われているとか、個人的に気分を害したことがありそれを引きずっているとか、自分サイドに原因がある場合もありますが、お客さまとのコミュニケーションによって引き起こされた不快な感情を、そのまま引きずっていることが原因となっている場合もあります。

　さらには、あるお客さまとのやりとりによって不快な感情に陥った場合、その悪感情が次のお客さまとのやりとりの中でついつい出てしまい、否定的な対応や非生産的なコミュニケーションを取ったりすることもあります。さらに言えば、私たちのその言い方や態度によって、次のお客さまの感情が悪い方へと導かれ、その悪感情が私たちに対してぶつけられるといった悪循環に陥ることもあります。

　例えば、「すいません」という一言にしても、高圧的に言った「すいません」と、やさしく支援的に言った「すいません」とでは、お客さまへの伝わり方は真逆になることでしょう。このように、言葉そのものではなく言い方や態度が大きく影響してくるわけですが、その言動を左右するのが、その場における私たちの感情なのです。

　このように、コミュニケーションとは、感情面でも相互に影響を及ぼしあっているのです。

　こういった非生産的な感情の流れは、次の二つを心がけることによって回避できます。

> 1. 自分の中に湧きがちな否定的な感情とは何かを知っておく。
> 2. 否定的な感情にならないように注意する。
>   あるいは、否定的な感情に陥ってしまった場合に自分を適正にコントロールして、そこから脱するためのポイントを知っておく。

⑩ 「またお越しください」と目を見て言える応対をしている

　お客さまに対してどのような応対をしたのかは、実は自分が一番よく知っています。目で見える言動のみならず、目の前のお客さまに対してどのような気持ちで接したのかという、目では見えない心のあり様に至るまで、他人からは見えないかもしれませんが、実は自分では十分にわかっているのです。

　もし自分の応対がお客さまに対して十分でないとすれば、お客さまと正対し、目を見ながら「またお越しください」とは、なかなか言えません。後ろめたいことがあれば、恥ずかしくて目を見ることもできないでしょう。

　こういった人間心理を踏まえ、CSを推進するための一つの切り口として『Please come again !』（またどうぞお越しくださいませ）を必ず言うようにしようという試みが、かつて米国で行われたと聞いたことがあります。

　これは、無理矢理『Please come again !』を言わせるということではなく、きちんとお客さまの目を見て、自信を持って『Please come again !』と言えるような気持ちでお客さまに接しましょうという改善運動なのです。

　相手の目を見ているときは、心が「I & Yon」の状態になっていると言われます。「私とあなた」という、心と心が通った人間同士が向かい合っている状態です。逆に、相手の目を見ていないときは、「I & It」の姿勢と言われています。直訳をすれば「私とそれ」になりますが、さすがにモノ扱いというほどではないにせよ、相手を機能としてしか見ていないときは目を見なくなると言われています。

　お客さまの目を見て、笑顔で「またお越しください」と言えるような、そんな心の姿勢でお客さまと接することがコミュニケーションの基本なのです。

第3章　CSを実現するコミュニケーションのポイント

気付かず見えない顧客不満足

第4章

CS チェックリスト

No		
1	お客さまと会う前に顔の表情をチェックしている	
2	自然な笑顔を心がけている	
3	自分の動作やしぐさの特徴に気付いている	
4	好ましくない動作やしぐさを常に意識し、直している	
5	お客さまの視点で考え、行動できる	
6	お客さまの表情や態度、しぐさに敏感になる	
7	満足、不満足の理由をお客さまに尋ねるようにしている	
8	お客さまの不満の原因を集め、社内で共有している	
9	満足の声もしっかりと受け止め、今後に活かしている	
10	他の会社やお店の対応も観察し、参考にしている	

お客さまと会う前に顔の表情をチェックしている

　第3章でコミュニケーションには、視線、表情、態度、姿勢、身ぶり、手振り、外見、服装、ゼスチャー、マナーなどの言葉によらないコミュニケーション（ノンバーバルコミュニケーション）があることを学びました。そして、そのノンバーバルコミュニケーションの中でもお客さまに対して最も大きな影響を及ぼすのは、なんといっても顔の表情といえます。

　今、自分の顔がどのような表情をしているのか、あるいはお客さまに対してどのような印象を与える顔つきになっているのかといったことは、自分では鏡を見るまではわからないものです。

　忙しさに追われたり、嫌なことがあったりすると、無意識のうちに不愛想な顔つきや不機嫌な表情になってしまいます。なぜそのような表情になっているのか、お客さまにその事情を理解していただけているのならまだ情状酌量の余地はありますが、残念ながら、皆さまにどのような事情があったのかをお客さまは知る由もありません。

　皆さまの表情ひとつが「なんか、無愛想な店だな」「雰囲気の悪い会社だな」というように、皆さまと皆さまの会社やお店のすべての印象としてお客さまの心に残ってしまいます。

　私たちは、どのような事情があってもお客さまには笑顔で対応しなければなりません。

　もし、嫌なことがあって、この表情をお客さまにお見せしたくないと思った時には、思い切っていったん現場から離れてみるのも良いかもしれません。

　休憩室で大きく深呼吸したりお茶を一杯飲んだりするなど、気分転換をはかりましょう。

　そして、心が落ち着きを取り戻し、気持ちの切り替えがはかれたなら鏡で自分の顔の表情をチェックしてください。

　自分で自分の表情にOKを出せたなら、さぁ、その笑顔をお客さまにお見せしましょう！

第4章　気付かず見えない顧客不満足

47

② 自然な笑顔を心がけている

　顔の表情には大きく分けて、喜び、悲しみ、怒り、驚き、不安、嫌悪があります。この中でプラスの印象を与える表情は喜びだけであり、それはまさしく笑顔です。自然な笑顔は、お客さまに安心感と親近感を与え、会話もスムーズに進みます。自然な笑顔とは、目尻が下がり、口角が上がっている状態のことであり、お客さまの前に出るときは必ず鏡を見て自然な笑顔になっているか確認しましょう。

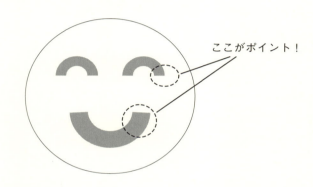

　笑顔が苦手な人は、笑顔を作るトレーニングをしましょう。割り箸を横にしてくわえて歯が見えるくらい口を大きく横に開け、口角を上げます。これを約30秒間キープし、同時に目元も笑顔になるように意識します。また、割り箸がないときでも、スキマ時間を利用して洗面所やお風呂、玄関の鏡や、コンパクトを使っていつでもどこでも口角を上げるトレーニングを心がけましょう。
　このようなトレーニングを繰り返すことで、最初はぎこちない笑顔であっても徐々に自然な笑顔が作れるようになります。

自分の動作やしぐさの特徴に気付いている

動作やしぐさもコミュニケーションに大きな影響を与えます。

規律正しい動作やきびきびした態度は見た目にも印象がよく気持ちがよいものですが、反対に、自分では気づかないうちに相手に好ましくない印象を与える動作をしていることがあります。子どもの頃からの癖が抜けずに無意識のうちにしている動作やしぐさは、大人になってからは誰も注意はしてくれません。相手からみて好ましくないと思われる動作やしぐさは自分で見つけ、徹底的に改善しましょう。

特に、お客さまを目の前にして緊張状態にある場合など、知らず知らずのうちに癖が出てしまうことがあるので注意が必要です。会話の内容や顔の表情には好感が持てても、無意識の動作やしぐさが気づかないうちにお客さまの不満を募らせているかも知れません。

よくみられる好ましくない動作やしぐさ、姿勢には次のようなものがあります。

ふと、気づくとこのような動作をいていませんか？

- ・貧乏ゆすり　・頻繁なまばたき
- ・足や腕を組む　・人を指で指す
- ・机を指やペンなどでトントンとたたく
- ・携帯電話をいじる　・早口で話す
- ・声が小さい　・ドタバタ歩く　・猫背
- ・髪の毛をいじる　・唇をかむ
- ・ペンをくるくる回す

好ましくない動作やしぐさを常に意識し、直している

　もし、自分に他の人から見て好ましくない動作やしぐさをする癖があると気づいたら、その時は意識してそれを治す努力をしなければなりません。

　しかしながら、厄介なことに長い間に身についてしまった癖は、知らず知らずのうちに出てしまうものです。なぜなら、癖というものは、本人にとっては痛くも痒くもないため、それを改めようとか直そうとする意識が働きにくいからです。

　したがって、癖を直すためには、まず「癖を直す」という行動そのものを自分自身に強く意識づける必要があります。

　例えば、「貧乏ゆすり」を直そうとする場合は、まず、自分自身に対して「貧乏ゆすり」を３カ月以内に克服するという目標を自己申告します。心の中で決めるだけでも構いませんが、手帳の片隅などに書いておくなど、立てた目標がいつも目に留まるような工夫をするとより効果的です。そして大切なことは、なぜその癖を直さなければいけないのかといったように、その理由を明確にすることです。直そうとする癖が貧乏ゆすりであれば、「落ち着きのない人だと思われ、お客さまからの信頼をなくしてしまうことになる」「お客さまに不快な思いをさせてしまう」というような理由になるでしょう。

　癖を治すためのコツのもうひとつに、その動作と同時にできない動作をするという方法があります。例えば、貧乏ゆすりをしていると気づいたなら、座る向きを少し変えてみる、あるいは足を閉じ直してみるなどの対策があります。

　また別の方法として、癖が出る度に手帳に×印をつけ、回数が減っていくことを自分の励みにしていくこともよいかも知れません。

　「なくて七癖あって四十八癖」という諺のように、癖がないように見える人でもいくつかの癖があるものです。中には、自分では特別なことだと思っていなくても、他の人から見ると特徴的な動作やしぐさに見える場合もあります。

　日頃から、自分の行動や言動が相手にどのような印象を与えているのかを常に意識して行動することも、ビジネスマンの心得として覚えておきましょう。

お客さまの視点で考え、行動できる

　顧客満足を実現するためにはあらゆる努力が求められますが、それが逆効果となってしまい、かえってお客さまに不快感を与えてしまったり、ご不便をおかけしたりというような場面もよく見かけます。

　例えば、多機能の家電製品がわかりやすい例として上げられます。他社製品との激しい競争に勝ち抜くために高機能化、高性能化がどんどん進み、普段はほとんど使用しないようなスイッチやボタンがたくさん備わっています。使う側からすると機能が多くなればなるほど便利になるはずなのですが、逆に使いにくくなってしまうことが多々あります。また、高機能であるがゆえに価格が高くなってしまうため、結果としてお客さまは、使用しない機能を高いお金を出して買わなければいけないことになってしまいます。行き過ぎた高機能化や高性能化はお客さまにとって、まさしく"無用の長物"とも言えるのではないでしょうか。

　また、飲食店などでよく耳にする大声の「いらっしゃいませ！」や「ありがとうございました！」も単なる掛け声のように聞こえることがあります。お店側は、ご来店への感謝の気持ちをこめた挨拶を行っているのかもしれませんし、お店のマニュアルやルールで決められているのかもしれません。しかしながら、お客さまの立場になってみると、必要以上の大声での挨拶は騒々しいばかりか、中には驚いて思わず身を起こしてしまう方もいらっしゃるのではないでしょうか。

　もちろん、挨拶がないお店は論外なのですが、かと言って、必要以上の過剰な大声での挨拶は、すべてのお客さまにとって好ましいものではなく、顧客満足を高めるどころか、逆に不快感を募らせる原因となることもあります。不快感を感じたお客さまの多くは、リピーターとなって再来店することはないでしょう。

第4章　気付かず見えない顧客不満足

私たちが日常ごく普通にやっていることについて、はたしてお客さまからどのように思われ、受け取られているのか、そもそも何のためにやっているのか、お客さまにとって本当に必要なものなのか、あるいは、お客さまにとってプラスになることなのか等々について、お客さま視点で今一度考えてみることも大切なことです。

　たとえ、会社やお店のルールであったとしても、それがお客さまの不満を生む要因となっているのであれば、見直す機会を設けることをお勧めします。

　いつ、いかなる時でも「お客さまがどのように思うか、感じるか」というお客さま視点で感じ、考えること、それが皆さまの行動基準となります。

お客さまの表情や態度、しぐさに敏感になる

　私たちは、家族や友人、恋人など大切に思う人が、今、何についてどのように思い、考えているのか、あるいはなにか悩みごとがあるのではないか？など、とても関心があるはずです。例えば、明るい笑顔であれば安心するでしょうし、伏し目がちで暗い表情であれば心配になります。

　では、ビジネスの場で出会うお客さまの表情やしぐさ、態度に対して、私たちは家族や恋人に接するときのように敏感になっているのでしょうか？

　アメリカのコンサルティング会社の調査では、企業やお店、商品やサービスに不満を覚えたお客さまの96％は苦情を申し出ないという結果が出ています。つまり、ほとんどのお客さまが不満を抱いたまま黙って他の店やライバル企業の商品、サービスに換えてしまうということです。

　例えば、店内で周囲を見まわしているお客さまをお見かけしても、誰も声をおかけしなければ、その方は不満を覚えながらも何も言わずにお店を去り、きっと次のお店で買い物をしているかもしれません。探し物をしているようなお客さまを見かけたら、たとえマニュアルにはなくても、「何かお探しでしょうか？」と率先して声をかけてこその顧客満足と言えます。

　お客さまに対する無関心は、そのまま大切なお客さまとのご縁を断ち切ってしまうことになるのです。お客さまに関心を持ち、その表情やしぐさ、態度に現れるシグナルやメッセージを見逃さず、適切に対応しなければ、お客さまから選ばれる会社、お店になることはできません。

　ここで、もしお客さまに次のような表情やしぐさ、態度が現れたときは、どのような心理状態が想定できるか、考えてみましょう。

・商談中に時計をチラチラ見る
・腕組みをする
・机の上に置いてあるものを必要以上に触る
・話の途中で首をかしげる
・こちらの問いかけに頷かない
・椅子に腰かけて姿勢を後ろにそらす
・目線を合わせず、まばたきが多い
・あごやひげを触る
・スマホを触る

第4章　気付かず見えない顧客不満足

7 満足、不満足の理由をお客さまに尋ねるようにしている

　表情や態度、しぐさからある程度はお客さまの思いを汲み取れるとしましても、それもあくまでも私たちの想像でしかありません。また、なぜ、お客さまがそのように思っているのか？ 感じているのか？　その理由までは到底わかりません。理由がわからないということは、私たちが今後どのように対処し、改善していけばよいのか、判断がつかないということになります。

　それにはまず、お客さまが自社の商品やサービスにどのような期待を抱いているのかを知らなければなりません。期待以上のものを提供できればお客さまは満足されますが、期待以下であったり全く異なるものであったりすればお客さまは失望することになります。

　このように、お客さまの不満足は、お客さまの抱く期待と私たちの思い込みとのズレから生まれるのです。

　では、お客さまがどのような期待を抱いているのかを知るためには、私たちはどうしたらよいのでしょうか？

　最も確実な方法は、なぜお買い上げいただいたのか、なぜ契約していただけたのか、あるいは逆に、なぜご購入に至らなかったのか、なぜ契約に至らなかったのか、をお客さまに尋ねてみることです。　アンケートでお聞きする方法もありますが、直接お客さまに尋ねることで、お客さまの意外な本音や思いが聞けることもあり、あるいはアンケートには書かれていないお客さまの声を聞くことができます。

　例えば、商品のデザインや性能が気に入ったからお買い上げいただいたと思っていたところ、お客さまによく尋ねてみれば、実は、販売員の感じがとてもよくて、説明も丁寧だったから思わず買ってしまったということもあります。反対に、丁寧にわかりやす

く説明しているはずなのに、なぜかいつも成約率が良くないため、あるお客さまに尋ね
てみると、難しい専門用語が多くて使いこなせそうにないと思ったから買わなかったと
いうような、予期しなかった返答をいただく場合もあります。

　このようなお客さまの声を集めて整理し、全社で共有しサービスの向上や新製品の開
発に活かしている企業も少なくありません。

　お客さまの意見や要望は、お客さまの期待を知ることのみならず、私たちに新しい気
づきや学びを与えてくれる貴重なアドバイスということができます。

第4章　気付かず見えない顧客不満足

お客さまの不満の原因を集め、社内で共有している

　私たちに新しい気づきや学び、仕事のヒントを与えてくれるお客さまの声は、自分だけのものにせずに、社内で共有することが重要です。全社で共有することで、組織全体の知となり全社レベルの業務改善へと結びつきます。

　例えば、多くのお客さまと接している経験豊富なベテラン社員が長年で得たお客さまの声を、社内に残すことなく退職してしまったとしたら、会社は大切な財産を失ったことになります。お客さまの声は、企業の成長のために蓄積され、共有され、引き継がれてこそ価値のあるものといえます。

　お客さまの声を共有するためのいくつかの方法を下記に記します。

　いずれの方法も難しいものではなく、すぐにでも始めることができるものばかりです。続けることができるかどうかによって、効果が決まります。

〔お客さまの声を社内で共有する方法〕
・朝礼で、昨日接したお客さまの意見や要望などを1人ひとつずつ発表する
・定例会議やミーティングでお客さまの声を紹介する時間を設ける
・各自が「お客さまの声」シートを持ち、その都度書き留めたものを食堂や事務所などの皆が見ることができる掲示板に貼る
・パソコンの画面上に部署内の共有掲示板を設け、必要な都度、記録や閲覧ができるようにする

満足の声もしっかりと受け止め、今後に活かしている

　お客さまの意見や要望というとどうしても改善要望や不満などネガティブなイメージがあり、それを解決しないとお客さまは満足されないのだと思い込みがちですが、決してそうではありません。

　お客さまの声の中には、お褒めの言葉や喜び、感動の声なども多いのではないでしょうか。

　それらは私たちがふだん当たり前のことだと思い、気づいていないことが意外に多いことも事実です。

　あるお店では、店の良いところや素晴らしいと思ったことだけを書いてもらうお客さまアンケートを実施しています。そこには、

・「○○さん（店員さんの名前）の笑顔にいつも癒されています」
・「このお店ではいつも新しい発見をさせてもらいます！」
・「レジカウンターに飾られている一輪ざしがきれいですね」

などお客さまの思い思いの言葉が寄せられています。

　人は褒められたり、喜ばれたりすると気持も前向きになり、さらに頑張ろうと思います。そうすることでお客さまに接する時も自然に心からの笑顔になります。その笑顔に接したお客さまも幸せな気持ちになり、また次もこのお店で買いたいと思います。

　もちろん、お客さまの要望や意見を真摯に受け止め、改善を続けていかなければなりませんが、一方でポジティブなご意見にも積極的に耳を傾け、それをさらによいものにし、より多くのお客さまに提供できるようにすることも大切なことです。

　ポジティブなご意見は、私たちの会社やお店の「強み」（＝得意なところ）をお客さまが教えてくれているということです。苦手を克服するより得意分野を伸ばすほうが心理的な抵抗も少なく、時間もあまりかかりません。「強み」をさらに強くする方が効果が高い場合も多いものです。

　お客さまからいただいたお褒めの言葉や喜びの声も社内で共有し、会社やお店としてそれをさらにレベルアップし、より多くのお客さまに満足していただけるように努めましょう。

第4章　気付かず見えない顧客不満足

10 他の会社やお店の対応も観察し、参考にしている

　お客さまは、どのようなことに対し満足や不満足を覚えるのか、実は、自分自身がお客さまの立場になったときにいちばんよくわかります。

　休日に買物に出かけたとき、取引先の会社を訪問したときなど、私たちは一転してお客さまという立場になります。そのようなときに、訪れたお店や会社ではお客さまに対してどのように対応しているのかを意識して観察してみましょう。休日など、仕事を離れた場で純粋なお客さまの立場として応対されると、これまで見過ごしていたことや知らなかったことに気づかされることが多くあります。

　自分が働いている業種と同じ業種のお店や会社ももちろんですが、まったく異なる業種を観察してみることもたいへん参考になることもあります。

　例えば、出張先で宿泊したホテルや旅館のフロントの接遇、昼食に入ったファミリーレストランの従業員の方の動き、旅先で乗ったタクシーの運転手さんや飛行機のキャビンアテンダントの対応など、意識すれば観察の対象はいくらでもあります。

　観察の際には、テーマや課題を持って見ることが大切です。

　もし、皆さまが笑顔に自信がないと感じているのであれば、お店の方がどのようなタイミングで笑顔になるのか、こちらから見て自然な笑顔か、口角や目元の形はどうかなどを意識しながら接してみます。訪問先では、時に、感心できないような対応に出くわすかもしれませんし、反対にとても素晴らしく感動を覚えるような対応に出逢うこともあります。いずれにしましても、一時のできごととして捉えるのでなく、体験したことを早速自分の明日からの仕事に反映させ、実践することが大切です。

　また、お客さまの声と同様に、自分が体験したことを社内で紹介するとともに、自分がその時、どのように感じたか、どのように仕事に反映させていこうと思うのかなどについて、朝礼で発表したり会議などで討議したりする場を設けることもたいへん有意義です。

適切な苦情対応による CS の実現

第 5 章

CS チェックリスト

No		
1	「クレームはチャンス」という心構えでのぞむことができている	
2	お客さまの立場に立って考えることができるように自分をコントロールできている	
3	クレーム対応をスムーズに進めるための3つのスキルを理解している	
4	素早く対応し、安心していただけるように努めている	
5	お客さまの気持ちにも耳を傾ける「きき方」ができている	
6	生産的なやりとりに持っていけるように積極的に働きかけている	
7	クレームのタイプ別対応法を実践している	
8	交渉の落とし所　3つのパターンを知っている	
9	適切な解決策（代替案）を提示し、お客さま満足を実現している	
10	悪意のある相手に対しては、きっぱり断ることができる	

「クレームはチャンス」という心構えでのぞむことができている

　第1章では、お客さまにファンになっていただくための二つのルートを学びました。この二つのルートのひとつが、不満を持ったお客さまへのスムーズな対応です。言い換えるなら、不満を持った目の前のお客さまをファンにすることができてはじめて、クレームに適切に対応したと言えるわけです。

　私たちはよく「クレーム処理」という表現をしますが、そういった表現からは、お客さまからの苦情を右から左へと受け流し、あるいはお客さまを上手に丸め込んでしまえば一件落着、とでもいうようなたいへん失礼なニュアンスを感じることもあります。CSを進める上においては、それは大きな間違いと言えます。

　お客さまが私たちの対応に満足していただいたのなら、間違いなくファンになっていただけます。そういった意味で、「クレームはチャンス」なのです。

　少しビジネスに偏った視点にはなりますが、CSを実現するためのもう一つのルートである、「常に期待を上回るサービスを行い続ける」という道は、そのための投資、あるいはコストを投下し続けなければならないといった必要もあるでしょうし、またいつかは限界に達する可能性さえもあります。このルートでは、常に競合会社や競合店との比較や価格競争からも逃れることはできません。

　しかしながら、このルートと比べて、クレームへの適切な対応によるファン化というルートは、実はコスト負担はほとんど発生せず、その上競合と比較されることなく、価格競争に陥ることもありません。

　なぜならば、困ったときに適切に対応してもらえる、あるいはストレスなく買い物ができるということは、お客さまにとっての大きな価値になるからです。

　クレーム対応とは、私たちの努力次第でお客さまを獲得できる大きなチャンスなのです。

お客さまの立場に立って考えることができるように自分をコントロールできている

　クレーム応対の際に、ついつい忘れてしまいがちなことがあります。それは、私たち自身の心の姿勢です。

　クレーム対応は、価格競争に陥ることなく差別化できるチャンスということは重々わかっていても、私たちにとってクレーム対応は決して心地良いものではありません。怒っているお客さまの前では、どうしても防衛的な姿勢になってしまうものです。

　ここで重要なことは、怒られるのがイヤだとか、なんで私がこんな目に合わなければならないんだとかいうように、自分のことを優先して考えていては、事態を好転させることはできないということです。

　よくよく考えてみれば当たり前のことなのですが、実は、今困っているのはお客さまご自身なのです。例えば、適正な価格で依頼をしたにも関わらず、それに見合ったサービスを受けることができないとか、あるいは常識では考えられないような不合理な状況に置かれているなど、こういった迷惑を被っているのはお客さまなのです。決して私たちではありません。そこを勘違いしてはならないのです。

　当然とも言うべきこの姿勢を失うと、お客さまから苦情を言われている自分がまるで被害を受けているかのような気持になってしまいます。大げさに表現するなら、被害者はお客さまであって、私たちではないのです。

　同時に、目の前で起こっているお客さまに対して、悪感情を持つことも避けなければなりません。目の前で怒りをあらわにしている方は、朝から晩まで怒っている方では決してないのです。ご家族とご一緒のときは目を細めてずっと笑っていらっしゃるかもしれませんし、あたたかな眼差しでお子さまを見つめていらっしゃる光景を想像することもできるでしょう。

　たまたま今この状況に直面して、マイナスの感情を出しているだけかもしれませんし、仕事の上で役割として苦情を言っているのかもしれません。

　冷静になってこういった視点を持てば、目の前のお客さまに対して親密感を抱くことさえもできます。

　クレームに直面した際は、こういった基本的な心の持ち方に立ち戻るよう自分をコントロールしなければなりません。

クレーム対応をスムーズに進めるための3つのスキルを理解している

　クレーム対応には場数が必要だとよく言われます。それは多くの困難な場面に対峙することによって、自信と心構え、そして経験を通して会得した対応スキルが身に付くからです。しかしながら、多くの場数を踏むことなく、諸先輩の知恵をスキルとして学ぶことにより、クレーム対応力を養うことも可能です。

　クレーム対応力を高めるための3つのステップと、それぞれに対応するスキルは下記になります。

Step.1　安心させ、心を落ち着かせるステップ（きくスキル）

　クレーム対応の成否の多くは、初期対応で決まります。初期対応のポイントは二つあります。
　1つ目は、スピードです。スピードは品質を構成する重要な要素のひとつです。とは言っても、スピードがいくら速くても、初動動作を通じて誠意が伝わらなければ、クレームに対応するスキルとしての効果を発揮することはできません。
　2つ目は、お客さまの話しに耳を傾け、感情を受け止めて不快感を解消することです。「誠意を持ってきく」「相手の立場になってきく」は、クレーム処理の基本です。

Step.2　状況を把握し、相手の解釈を理解するステップ（論理的に理解するスキル）

　「誠意を持ってきく」「相手の立場になってきく」、あるいは「お客さまの感情、気持ちも受け止めてきく」ことにより感情的な部分が解消し、話し合える心の状態になったならば、次は二つ目のステップに入ります。お客さまと私たちが「今、ここで」の視点に立ち戻り、現実的な対応を検討するための場づくりのステップです。クレームの内容や不満点を論理的に整理し、冷静に現実を見据えることによって、クレームの場は解決へ向けて一気に進んでいきます。

第5章　適切な苦情対応によるCSの実現

63

Step.3　新しい状況を作るステップ（適切な対応を選択するスキル）

　クレーム対応は、迅速に動き、相手の言い分を聞くだけではなく、その後にはなんらかのアクションを起こさなければなりません。そのアクションが適切に選択され、実施されてはじめてクレーム対応と言えます。そのためには、クレームを大きく４つのタイプに分類して理解すると効果的です。（「クレームの４つのタイプ」は第７項に記載）

　以上の３つのスキルを身に付け、クレーム対応力に磨きをかけましょう。

④

素早く対応し、安心していただけるように努めている

　クレームを訴えているお客さまの心の中は、望んでいた状況が手に入らないことに対する不満や余計な手間暇時間をかけていることに対する怒りだけでなく、きちんと対応してもらえないのではないかという恐れ、このまま解決しなければ被るであろう損失に対する不安、自分の権利が侵害されるかもしれないことに対する不公平感、自分の価値が低められるかもしれないことに対する不条理感、誇りが傷付けられるかもしれないことに対する不快感、等々によってストレスに満ち溢れ、攻撃的な状態になっています。

　まずは、お客さまのこの感情的な状態を解消しなければ、生産的な解決へと進むことはできません。そのためには、二つのポイントがあります。その一つ目が、「素早く対応し、安心していただく」です。

(1) 素早く対応し、安心してもらう

　クレームはいきなりやってきます。あわてずに緊張感溢れた雰囲気を醸成し、誠意が感じられる動作と応対によって、お客さまは、自分の置かれている状況が"たいへんなこと"なんだということが、間違いなく相手に伝わったことを知ることができます。自分にとって"たいへんなこと"が、実は企業側にとっても"たいへんなこと"なのだということがわかり、不安が解消されることになります。

　なぜなら、"たいへんなことが起きていること"が共有できたということは、この後で軽視される心配がなくなったことであり、優先的に取り扱ってくれるだろうということが確証されるからです。

　お客さまの目を見ながら、少し驚いた表情をしながら話しを承り、それで傲慢に感じられないように振る舞うことがポイントになります。

　また、これらの会話の中で、下記の二つを示すことも忘れてはいけません。

(1)　謝意を表明する
　例えば、「ご不快な思いをさせてしまい、申し訳ございませんでした」
　　　　　「説明が不十分で、申し訳ございませんでした」
(2)　お客さまを大切に扱おうとしている誠意を示す
　　言葉遣いだけでなく、態度、物腰、表情などによって、「あなたを大切にしています」という気持ちを伝えます。第3章第7項「言葉によらないコミュニケーションにも気を付けている」で学んだように、バーバルコミュニケーションだけではなく、ノンバーバルコミュニケーションも重要なキーになります。

⑤

お客さまの気持ちにも耳を傾ける「きき方」ができている

「Step.1　安心させ、心を落ち着かせるステップ」の二つ目が、「お客さまの話しをきく」になります。

(1)　お客さまの話しをきく

よく「誠意を持ってきくように」とか「相手の立場になってきくように」とかよく言われますが、具体的にはどういったことを言うのでしょうか？

答えは、「お客さまの感情、気持ちも受け止めてきく」ということです。お客さまの話している内容だけでなく、言葉の底に流れている気持ちにも耳を傾け、受け止める"きき方"です。

私たちがこういった"きき方"をすることによって、例えば、不快感が原因で感情的になっているお客さまの心の中に溜まっていた悪感情は解消されることでしょう。さらに、好感情さえ持っていただけることもあります。

このような「きく」は、「聞く」ではなく「聴く」と言われます。「きき方」には、３つの「きき方」があることを知っておくと、自分で意識的に使い分けができるようになります。

3つの "きき方"

１．聞く（hear）

単に「音が耳に入る」「音が聞こえる」といったきき方で、いわば"受動的なきき方"といえます。

２．訊く（ask または question）

「訊問する」「こちらがききたいことを訊ねる」、あるいは「問いただす」といったきき方をいいます。話し手は、きき手に主導権を握られながら、きき手がききたいことを話させられる、といった感じになります。相手のためではなく、自分のために何かを知ろうとして質問しているきき方です。

３．聴く（listen）

「心できく」「心で受け止める」といったきき方をいいます。話し手の言っている内容や言葉自体の意味だけでなく、同時に言葉の底に流れている気持ちの両方を"聴く"ことです。きき手がききたいことではなく、話し手が何を言おうとしているのか、何を伝えたいのか、をきちんと受け止めるようとする、いわば"能動的なきき方"といえます。話し手を一人の大切な存在として認め、受け入れようと努力している姿勢を感じることができます。

例えば、若い男性にとっては軽い荷物であっても、高齢者にとってお店まで持って来るにはたいへんな難儀をされたかもしれません。あるいは、車ではなく、徒歩でお店まで持って来ていただいたのかもしれません。一見すれば、返品する商品を車に積んで簡単に持って来たように思いがちですが、私たちの無意識の中で思い浮かんでいるこの前提は、実はまったく違っているのかもしれません。

相手の立場に立って気持ちを受け止める姿勢があってはじめて、心のこもった応対といえるのではないでしょうか。「きき方」は心のあり様でもあるのです。

第5章 適切な苦情対応によるCSの実現

6 生産的なやりとりに持っていけるように積極的に働きかけている

　感情的になっていたお客さまの気持ちも、皆さまの適切な初期対応によって、ようやく落ち着きを取り戻しました。この次は、お客さまと皆さまが冷静な視点に立って、目の前の現実を見据えながら話し合えるような場にしなければなりません。

　ここでは、TAという心理学を応用しながら考えてみたいと思います。TAとは交流分析とも呼ばれる、E・バーン博士によって開発された心理分析の手法で、日本の企業教育にはいろいろなかたちで応用されています。

　TAでは、私たちは下記の「5人の私」のすべてを持ち合わせており、対人行動の中ではそのいずれかが強く現われ、関係を良くも悪くもすると考えます。

5人の私

批判的で厳しい私	自分の価値観で「良い/悪い」を判断したり、圧力をかける私
受容的でやさしい私	愛情や思いやりを持って世話をしたり配慮したりする私
理性的で冷静な私	冷静に現実をみつめ、事実にもとづいて理性的・論理的に判断し、物事や問題に適切に対処する私
自発的で天真爛漫な私	自由に喜怒哀楽を表現したり、無邪気にふるまう私
依存的で自信のない私	素直に応対するが、心の中では不満をもっている私

まさに今、苦情を言っているお客さまは、この「５人の私」で言えば、「批判的で厳しい私」が強く前面に出ている状態と言えます。

　この場面で、私たちが、もし「自発的で天真爛漫な私」で応対すれば、お客さまは軽く扱われたと感じ、さらに気分を害することでしょうし、あるいは「依存的で自信のない私」でオドオド応対すれば、お客さまはさらに高圧的な態度になってしまうことも予想されます。

　一番理想的なやりとりは、お客さまと私たちがともに「理性的で冷静な私」に立ち返り、問題解決に向けた生産的な話し合いがなされることです。

　では、お客さまに「理性的で冷静な私」になっていただくためには、私たちにはなにができるのでしょうか?

　私たちはお互いに影響を及ぼしあいながらやりとりをしていますが、相手の「理性的で冷静な私」を刺激できるのは、実は自分自身の「理性的で冷静な私」しかないのです。

　従って、私たちがお客さまの強い苦情に直面した際は、第一段階として「受容的でやさしい私」でお客さまの気持ちを受け止めて、それから自分が先に「理性的で冷静な私」に立ち戻り、お客さまの「理性的で冷静な私」を触発し続けるといった流れになります。

　つまり、お客さまの不満への適切な対応とは、自分自身が今、どんな「私」になってるか、ふりかえるところから始めなければなりません。

第5章　適切な苦情対応によるCSの実現

クレームのタイプ別対応法を実践している

　お客さまの感情を受け止め、理性的な視点に立った状態を作ったとしても、それでクレームが収まったわけではありません。次は、いよいよStep. 3「新しい状況を作るステップ」に入ります。

　そのためには、私たちが新しい状況を作るための積極的な働きかけを行う必要があり、その働きかけを効果的に行うためにも、クレームを大きく4つのタイプに分類して理解すると対応がしやすくなります。

```
―――― クレームの4つのタイプ ――――
事実　（機能や品質、対応に問題がある）
誤解　（理解不足、思い違い、勘違い）
感情　（感情問題）
悪意　（金品利得狙い）
```

　4つのタイプについて、代表的な対応をわかりやすく記します。

タイプ	事実
事実	事実を確認して謝意を示した上で、今後の善後策について話し合う
誤解	ストレスを感じさせたことをお詫びし、正しい内容を再度説明して誤解を解く
感情	丁重に話しを聴いて冷静になっていただき、感情を納めていただく
悪意	きっぱり断る

　上記のタイプの中でも、「事実」に対する対応と「悪意」に対する対応について、次の各項で説明します。

交渉の落とし所　3つのパターンを知っている

お客さまにファンになってもらえるようなクレーム対応を実現するために、いよいよ最終ステップである「新しい状況を作るステップ」に入ることになります。ここまでのStep. 1とStep. 2は、Step. 3をスムーズに進めるためのプロセスだったとも言えます。

今後の善後策が、例えば良品との交換や修理を行うなどのように、わかりやすい方向で進むのであればよいのですが、例えば、現品限りで販売した商品に不具合があった場合などのように、今後に向けた話し合いが必要になる場合もあります。

その際に役に立つのが、「交渉の落とし所　3つのパターン」です。この切り分けを事前に理解しておくことにより、交渉場面におけるお客さまとの話し合いをスムーズに進めることができます。

交渉は必ずいずれかの結論に達するわけですが、その落とし所には大きく分けて3つのパターンがあります。

交渉の落とし所　3つのパターン
1．勝ち負け
2．痛み分け
3．Win-Win（双方満足）

「勝ち負け」とは、「All or Nothing」「100か0か」「譲歩か無理押しか」というような、Win-Loseによる解決をいいます。勝ち負けが明瞭になるので、一方は満足するのですが、他方は不満を持つたままの落し所になります。従って、あまりお勧めできない落とし所といえます。間違っても、お客さまを「負け」にしてはなりません。

「痛み分け」とは、五分五分で分けるとか、四分六にするなど、双方痛み分けによる解決をいいます。よく普通に見かける落とし所で、一見すると良い解決策のように思われますが、実はお互いが譲歩して解決を図る「妥協」を含んだ解決になりますので、裏を返せば双方共に不満を持ったままの落とし所とも言えます。

これらに二つの落とし所に対して「Win-Win」とは、お客さまの本質的なニーズを理解し、実質的な目的の達成を図る落とし所をいいます。解決策（代案）を提示するこ

とにより、お客さま満足を実現できる落とし所となるため、話し合いの結果としてお客さまからの信頼が増し、長期的で良好な関係が構築されます。つまり、お客さまをファンにすることができる落とし所と言えます。

　この「Win-Win」を実現するためには、第3章第2項「お客さまの求めていることがズレなく理解できている」、及び第5項「それぞれのお客さま毎に個別メリットを伝えている」を読み返して、理解を深めていただきたいと思います。

適切な解決策（代替案）を提示し、お客さま満足を実現している

ここでは、「適切な対応を選択するスキル」として、解決策（代案）の提示のしかたについて学びます。

お客さまに満足いただき、同時に私たちのお店や会社も満足できるような解決策（代案）には、二つのパターンがあります。

解決策（代案）　2つのパターン

1. お客さまの希望を受け入れる。その代わり新しい条件（交換条件）を提示する。
2. 私たちの希望を受け入れてもらう。その代わり新しい別の価値を提供する。

例えば、家電量販店におけるひとつのシーンで考えてみたいと思います。現品限りで販売した商品に不具合があった場合などは、代わりに交換すべき商品がないなど対応が困難なときもあり、お客さまにご納得いただくためには、今後に向けた話し合いが必要になってきます。

この場面に際し、解決策（代案）提示の二つのパターンをみていきたいと思います。

パターン1の解決策で対応するとすれば、最新モデルへ交換してもらいたいというお客さまの希望を受け入れる。その代わり、最新モデルとの差額の一部2,000円を頂戴するという進め方が考えられます。あるいは、パターン2の解決策で対応するとするならば、交換には応じられない。その代わり、性能向上のための部品（5,000円相当）を無料で装着する、という解決策も考えられます。

いずれのパターンにしましても、現実の場面では、お客さまと誠実に話し合いを進めながら、提示条件を細かく刻み、お互いが満足し納得できる解決策（代案）へと詰めていくことになります。

解決策（代案）を詰めるための話法として、「IF話法」を活用しながら進めると効果的です。

　　（例）「もし～するとして、その代わり～だとしたら、いかがでしょう？」

これまでの自分の交渉の進め方や結果にはどういったパターンが多いか、思い出してみましょう。

　もし、「勝ち負け」や「痛み分け」が多いようであれば、実際にあった事例をいくつか挙げ、双方の本質的なニーズを満たし、双方の実質的な目的を達成する「Win－Winの解決」の道があったかどうか、可能性を検討してみて下さい。もし、可能性があったと思われる場合は、どんな解決策が可能であったか考えてみて下さい。

悪意のある相手に対しては、きっぱり断ることができる

　前節までの内容は、善意のお客さまを前提としていますが、世の中のすべてのお客さまがいつも善意とは限りません。現実には、最初から悪意を持って利得を狙ってくる人もいます。

　そんな時は、相手の勢いや語気に押されて受け入れたり、あるいは問題を先送りしてはなりません。こちら側の意思を伝えることを避け、時間の経過に解決を任せていては、どんどん深みにはまっていきます。正当な意見には耳を傾けなければなりませんが、悪意のある不当な要求に対しては毅然とした態度で臨むことが必要です。できない要求には応えられません。

　こういった場合は、できないことはできないという姿勢をはっきりと示さなければなりません。

　言い切り方の例としては、下記が上げられます。
　（例）
　　・当社のルールがありますので、ご要望に応じることはできません。
　　・弊社ではそのような応対はできかねます
　　・社内の規則がありますのでできません。

第5章　適切な苦情対応によるCSの実現

ワンランクアップの CS をめざす

第 6 章

CS チェックリスト

No		
1	顧客でなく、「個客」としてとらえ接している	
2	お名前でお呼びしている	
3	お客さまノートと名刺を活用している	
4	お客さま起点で商品・サービスを提案している	
5	お客さまがまだ気付いていない潜在ニーズに対する提案も行っている	
6	お客さまの心に響く小さな取り組みをしている	
7	お買い上げ後のお伺い（ハッピーコール）を欠かさない	
8	お客さまの要望や意見への対応を「見える化」している	
9	対人感受性を高めるよう努力している	
10	一期一会の気持ちでお客さまと接している	

1

顧客でなく、「個客」としてとらえ接している

　「わが社がターゲットとする顧客は、20歳から30歳代の働く女性です」というように説明する会社を見かけたりします。しかしながら、ひと口に「働く女性」といっても、正社員なのかパートタイマーなのか、既婚か独身か、1人暮らしか家族と同居なのか等々、人それぞれ置かれた環境や状況は異なります。学生と社会人では、同じ物事に接したとしても、感じ方は違うでしょうし、価値の置き方も異なるかもしれません。

　このように個人個人ではその生活スタイルや価値観が異なることはすぐに理解できますが、さらに言えば、同一人物でも時や場面が変われば購入する商品が変わることもあります。

　例えば、スーパーのお総菜コーナーに常連の高齢女性が来られたので、いつものように1人前のハーフサイズパックを購入するのだろうと見ていたところ、その日に限っては3～4人前の通常パックをお買い上げになられました。そこで、改めて聞いてみたところ、その日は、お孫さんが来られて一緒に夕食をとるのだと言われたというようなケ

ースもあります。

　ご高齢の方は皆、ハーフサイズを購入するのだという思い込みは、まさしくお客さまを大勢のうちの1人としか見ていないということにほかなりません。このことは、千差万別のお客さまをひとくくりにしてその全員に同じように満足と感動を呼び起こし、ファンになっていただくことは難しいことなのだということを教えてくれます。

　お客さまにご満足いただき、さらに、ワンランク上の満足を感じていただくためには、お客さまを大勢のうちの1人としてではなく、一人ひとりそれぞれ違う存在としてとらえて接していかなければなりません。

　第1章で、ピーター・ドラッカーの至言を記していますが、まさに「a customer」にも通じるところがあります。

　目の前のお客さまに心から満足していただくために、私たちは次の2つのことをしっかり認識しておく必要があります。

> ・何に満足されるのかされないのか、お客さま一人ひとりによってその基準はまったく異なる
> ・すべてのお客さまではなく、「あの方」にご満足いただくためにはどうすればよいのかを考える

第6章　ワンランクアップのCSをめざす

② お名前でお呼びしている

　あるコーヒーショップに、お客さま一人ひとりの名前はもちろん、好みのメニューやミルクや砂糖、スプーンは必要か……まで、すべて頭の中に入っているという若い女性スタッフがいます。
　「○○さん（女性スタッフの名前）の顔を見ないと1日が始まらないよ」と毎朝、仕事前に必ず訪れる会社員など、そのお店のお客さまの8割が常連の方だそうです。何も言わなくても、テーブルに座っただけで、自分の好きなコーヒーを出していただけたら、さぞやうれしいことでしょう。
　この女性スタッフは、お客さまを大勢の中の一人としてではなく、一人ひとりがそれぞれ異なる、大切な「個客」として接しているのです。
　皆さまが、もし、数度しか訪れたことのないお店でスタッフから名前で呼ばれたとしたら、自分のことを憶えてくれている！　自分を大切な存在として知ってくれている！と驚くと同時にうれしくありませんか？
　皆さまも、まず最初にお客さまをお名前でお呼びしてみましょう。
　一般のお客さまには、「お客さま」でなく「田中さま」「鈴木さま」
　会社など取引先の方なら「課長」や「部長」でなく「田中課長」「鈴木部長」
　などのように。
　この時、決して相手の名前を間違えないように気をつけましょう。

　お客さまの名前をお呼びする、たったそれだけのことでお客さまとの距離は一気に縮まり、お客さまの期待を超えることができるのです。
　また、反対にお客さまの方からあなたの名前を呼ばれることもあります。
　その時は、あなたがお客さまにとって大切な存在になっていることを実感できることでしょう。

お客さまノートと名刺を活用している

　皆さまは、これまで出会ったお客さまのことをどこまで憶えているのでしょうか？
　あるいは、お客さまの顔と名前が一致しており、突然のご来店であってもあわてずお名前でお声がけすることはできますか？
　もし、憶えられないというのであればあなただけの「お客さまノート」を作りましょう。
　大きさは、Ａ４サイズがよいでしょう。持ち歩きたいためにメモ帳サイズにしてしまうと必要なことが書ききれないということもあります。適度な大きさを選びましょう。
　ノートには、お客さまのお名前、ご年齢、住所はもちろん、趣味や家族構成までお客さまからヒアリングできた内容をできるだけ細かく記しておきます。服装など外見の特徴などもメモしておくとイメージがわきやすくなり、記憶に残ります。
　そして、お客さまにお会いする前にそのノートを見直します。お客さまとの会話もスムーズに進み、きめ細かな対応も可能になります。さらには、その方にピッタリ合った商品の紹介や提案、説明もしやすくなり、購入後のお客さまの満足度も高くなります。このことは、お客さまが、一般顧客の方でも取引先企業のご担当者でも同様になります。
　その記録をもとに、購入後の調子伺いやお困りごとのお尋ねをすることはもちろん、手書きの挨拶状や誕生日などに記念日のカードをお送りするなど、新たな価値を付加することも可能になります。
　私たちの工夫次第でお客さまの心に響く取り組みは、今すぐにでも始めることができるのです。
　ただし、「お客さまノート」を作成するに際しては注意点もあります。「お客さまノート」にはさまざまな個人情報が記されていることから紛失したり他人に見られることのないようその管理には十分な配慮が求められます。不要な時は必ず鍵のかかる引き出しなどに保管しなければなりません。また、作成する場合は、事前に上司に相談し了承を得ておくことが必要かもしれません。「お客様ノート」は会社のルールに従って有効に活用してください。

第6章　ワンランクアップのCSをめざす

―――――〈お客さまノートに記すこと　～営業先ご担当者編～〉―――――

○取引先企業名

○担当者名 と役職、入社年数と役職の経歴

○受付の人のお名前

○住所、電話番号（できれば携帯電話も）、メールアドレス

○休業日や休憩時間

○取引している他の企業、現在利用しているサービスや商品

○担当者の特徴や趣味など（外見上の特徴や性格など）

○担当者と会う時の注意点（"事前アポ要す"など）

○その他、直接自社との取引に関連がないと思われることも極力記しておく

―――――〈お客さまノートに記すこと　～小売業など一般顧客編～〉―――――

○お客さま氏名、年齢、職業（できれば会社名も）

○住所、電話番号（できれば携帯電話番号も）、メールアドレス

○家族構成 と家族の名前、ペットの名前

○お客さまの特徴や趣味など（外見上の特徴や性格など）

○ご本人およびご家族の誕生日などの記念日

○自社と関連する商品やサービスの利用状況

○自社の商品やサービスと直接関連しないと思われることも極力記しておく

　また、お客さまノートに加えて名刺の整理も心がけましょう。

　名刺には、挨拶を交わした日時、人物の特徴（顔、体型や服装など外見）、話した内容などを簡単にメモしておくと、あらためて見直したときその方のイメージがわきやすく、電話でアポイントメントを取るときなど会話がスムーズに進みます。

　お客さまノートの該当ページに名刺を貼っておくのもよいでしょう。

お客さま起点で商品・サービスを提案している

　いくら身だしなみや挨拶に問題がないとしても、提供する商品やサービスの説明が、お客さまにとって価値あるものでなければ、お客さまに満足していただくことはできません。では、お客さまに価値を感じていただける提案とは、どのような提案をいうのでしょうか？

　皆様は、商品、サービスについて正しく説明できるよう、常日頃より商品・サービスについて勉強し、研鑽していることと思いますが、その知識が豊富なあまり、カタログやパンフレットを広げて商品・サービスの特徴を一方的にしゃべり続ける販売員や営業マンを見かけます。確かに、一生懸命さは伝わるかもしれませんが、それがお客さまの求めている内容でなければ、聞いている方は「ああ、そうですか」としか言えません。

　お客さまの知りたいことは何なのか、何を聞きたいのか、心の内を機敏にくみ取り、その内容に応じてお伝えする中身をスムーズに適用させていく対応ができてこそ、身につけた知識が活かされ、商品・サービスの良さを伝えることができたと言えるのではないでしょうか。

　商品の「良さ」とは、私たち売る側から見た「良さ」ではなく、あくまでもお客さまから見た「良さ」だという点です。まさしく第３章で学んだ「特徴」と「利点」の視点であり、これがお客さま起点という意味なのです。

　例えば、電気店の店舗スタッフが掃除機の説明をする際に、吸引力の大きさを強調しその素晴らしさをいくら伝えようとしても、お客さまが、吸引したゴミを捨てやすい機種や音の静かな機種を求めているとしますと、まったくお角違いの説明をしていることになります。つまり、店舗スタッフは吸引力が大きい機種を「良い」と思っているのに対し、お客さまはゴミが捨てやすく音が静かな機種が「良い」と思っているのです。このような状況では、いつまでたっても話は平行線のままで、お客さまの共感を得ることは難しいでしょう。

　お客さま起点の発想とは、お客さまの持っているニーズや抱える課題・問題に気付き、それを解決する提案をすることといえます。そのためには、第３章で学んだように、お客さまの置かれた「状況」をヒアリングし、その状況のなかで生じているニーズや課題を把握し、そのニーズを満たす、あるいは課題を解決できる商品・サービスを紹介しなければなりません。さらには、お客さまにとってのメリット、すなわち個別的な利点を具体的に示すことで「良い商品・サービスを買うことができた」と喜ばれるのです。

　お客さま起点の発想で商品を提案するためのプロセスについて、掃除機を例にまとめると次のようになります。

お客さまの置かれた状況とその中にある課題を聞き出す
　⇒　今までどのような機種を使っていたのか、主にどのような部屋を掃除するのか（リビング？　子ども部屋？…）、いつ掃除をするのか　など

お客さまのニーズを把握する
　⇒　できるだけ静かに掃除をしたい、ごみを見つけたら手軽にすぐに掃除ができればいい、きれい好きだけど掃除に時間をかけたくない　など

ニーズを解決できる商品を提案する
　⇒　モーター音の静かな商品A、充電式で片手でも簡単に操作できる商品B、人が操作しなくても自動で掃除してくれる商品C　など

お客さまのメリット（個別的な利点）を具体的に示す
　⇒　夜でも周りを気にせず掃除ができる、カーペットの上を何度も滑らせなくてもよいので腕が楽、あるいは家を不在にしている間に部屋がきれいになっている　など

お客さまがまだ気付いていない 潜在ニーズに対する提案も行っている

　第3章で、お客さまに喜んでいただくためには、目の前のお客さまのニーズとそのニーズを生んだ状況を把握することがポイントになることを学びました。またそのためにお客さまとのコミュニケーションが重要になることも学びました。さらに前節では、お客さま起点で発想し提案するプロセスについてご理解いただきました。では、ここでさらに一歩踏み込んで、満足を超えた"感動"を与える商品・サービスの提案方法を考えてみましょう。

　まず、次の質問を考えてみてください。

1．皆さまが靴のセールスマンで、上司から「裸足のアフリカの人に靴を売ってきなさい」と指示されたらどうしますか？

2．皆さまが冷蔵庫のセールスマンで、上司から「北極圏の極寒のツンドラ地帯の人に冷蔵庫を売ってきなさい」と指示されたらどうしますか？

　この2つは以前からよく知られた逸話です。

1つには、どちらも「お客さまのニーズがないから売れない、もっとニーズのあるところで売ります」という答えが考えられ、それは誰もが真っ先に考えつくことでしょう。

　一方で、どちらも「誰も持っていないからニーズは無限にあります」という考え方があります。そのどちらが正解というのではありませんが、気を付けなければならないことは「誰も持っていないのはニーズがないから、だから売れない」という考えに根拠はないということです。もしかすると、アフリカの人は靴という存在を知らないだけかもしれませんし、北極圏の人は冷蔵庫の存在は知っていたとしても、自分たちがどういった使い方をすればよいのかを知らないだけかもしれません。

　今から30年以上前、ある電機メーカーからヘッドホンステレオが初めて発売されました。それまで、音楽は、家の応接間のソファに座り、大きくて高価なステレオセットで聞くのが常識でした。したがってヘッドホンステレオという世の中の常識を覆すような商品は、開発したメーカーでさえも売れないかもしれないと疑心暗鬼だったそうです。それが、予想に反して発売と同時に大ヒットしたのです。そして、今や、音楽は通勤電車の中やスポーツ中など外へ持ち出して聞くことが当たり前となっています。反対に家の中でステレオセットで音楽を聞く機会はとても少なくなりました。

　もし、ヘッドホンステレオが発売されていなければ、人びとはいつまでも外で気軽に音楽を聞けることやその喜び、楽しさを知ることはなかったかもしれません。

　そのように考えると、アフリカの人に靴を買ってもらおうとするのであれば、サッカーボールと一緒に提案してみることも考えられます。試合のとき、相手チームは裸足でボールを蹴っているのに対して、我がチームは靴を履いているのでボールを蹴っても痛くないため断然有利です。靴を履くことで勝利の喜びを手に入れることができるのです。このお客さまはボールを蹴るときに痛い思いをするのは仕方ないことだと諦めていたのです。でも、口には出していないものの、心のどこかで痛くない方が良いと思っていたはずです。

　これが、お客さまも気づいていない潜在的なニーズなのです。

　「へぇ、そんな商品があったの！」「そのような使い方があったのか！」「そう、そう、こんなものがほしかった！」

　お客さまがこのようにおっしゃられたときこそ感動の瞬間なのです。

6 お客さまの心に響く小さな取り組みをしている

　ここでは、お客さまとの出会いを大切にし、末永くお付き合いいただくためにお客さまの心に響いて印象に残る、すぐにできる二つの小さな取り組みについて紹介します。

〈印象に残るお礼状を書く〉

　ご来店いただいたお客さまであれ訪問先のお客さまであれ、どのようなお客さまに対しても、わざわざお時間をお取りいただいたことへのお礼とお会いできたことに対する喜びの気持ちをお伝えしましょう。お礼状は、メールなどと違い、相手に届くまでにタイムラグがあり手間と暇がかかっていることに価値があります。

　ポイントは下記の7つになります。

1．手書きで書く
2．お会いした当日か翌日には投函する
3．かしこまった時候の挨拶は不要
4．一般論ではなく、お客さまとのことを書く
5．当日の事実を盛り込む（天候や言動などに簡潔に触れる）
6．「私は」と主語から始め、自分がどう感じたかを書く
7．文章の最後はお客さまのことだけで終る

上記を盛り込んだお礼状の例は下記に記します。

　○○様
　先日は、梅雨空の下、お足もとの悪い中ご来店くださいました。（当日の事実を盛り込む）
　ご来店の際には、ビデオカメラのご購入をご検討いただきました。（お客さまとのことを書く）　私には○○さまがお子様の成長を楽しみしておられるほんとうに心優しいお父様だと感じられました。（「私は」を主語に自分が感じたことを書く）　○○さまは、きっとこれからも明るく楽しいご家庭をお築きになられることと思います。（お客さまのことだけで終わる）
　　　　　　　　　　　　　　　△△電気店　鈴木　一郎

第6章　ワンランクアップのCSをめざす

87

〈手に取って読んでもらえるダイレクトメールをつくる〉

　私たちのもとに毎日のようにいろいろなお店や会社から多くのダイレクトメール（以下、DM）が送られてきます。皆さまは、そのうちどれだけのものにじっくり目を通すでしょうか。多くのDMは、セールや割引、商品紹介などを中心とするもので、送る側のPRばかり書かれている「売り込み型」です。そのお店や商品に興味のない人は自分には関係ないと思い、一瞥もせずに捨ててしまうものです。

　このようなことでは、無駄なコストがかかるうえゴミが増えるばかりで、送る側受け取る側のどちらにも良いことはなにもありません。

　お客さまに手に取って読んでもらえる「心を伝えるDM」の作り方の基本をご紹介しますので、皆さんも実践してみましょう。

1. 文章の中にお客さまの名前を入れる
2. 商品は、それぞれのお客さまの課題を解決できることを主眼におき、お客さま起点で案内する
3. 記念日には心づくしのプレゼントを添え、必ず記念日当日に届くように投函する（アニバーサリーカードや一輪の花など）
4. お客さまに感動を届けるDMを心がける（お客さまに「楽しそう」「一度、行ってみようかな」と思っていただけるようなDM）

お買い上げ後のお伺い（ハッピーコール）を欠かさない

　一般のお客さまであれ、企業間の取引であれ、ご購入いただいた後で商品の稼働状況や使用上の疑問がないかなどをお尋ねすることは重要です。とはいえ、残念ながらほとんどの企業でそれが実践できていないのが実状のようです。いわゆる「売りっぱなし」の状態です。

　アフターサービスでは、量販店の長期間にわたる無料修理保証などがクローズアップされがちですが、それは、お客さまに不都合が生じた後に役立つことであり、本来は不都合が起きないように事前に心配りをすることの方が重要です。お客さまが使い方を正しく理解しておらずに故障してしまったような場合でも、販売時の説明不足が原因であることも多く、全面的にお客さまに責任があるという姿勢は正しいとはいえません。

　お買い上げになられてから一定期間後に、使用後の感想に加えて疑問や不満がないかなど、先に私たちの方から連絡をし、お伺いしましょう。お客さまの気持ちを考えてみれば、使い方がわからない、説明されたことと違う、思うように使用できないなどといったネガティブな内容でお店に問い合わせすることは、お店側から嫌がられるのではないか、面倒がられるのではないか、さらには、不快な気持ちを味わうことになるのではないかなど、マイナスの場面を想像してしまうだけに、誰しも不安で気が重いまま連絡することになります。

　従って、お客さまの方からではなく、先に私たちの方からアプローチすることによって、お客さまのなかに芽生えつつある不満の種を早期に取り除き、さらには正しい使い方や気付かなかった機能などを提案することができます。それによって、商品・サービスに対するお客さまの満足度がさらに高まることでしょうし、お客さまのストレスも軽減されることでしょう。これらの結果として、お店や会社に対する信頼はさらに厚くなります。

　お客さまへのお伺いは、手紙やはがきなどの書面でお尋ねするか、あるいはお客さまのご都合を見計らって電話でお伺いしましょう。書面の場合は、お客さまが問い合わせしやすいよう担当者に直接通じる直通電話番号や個別メールアドレスを大きく記しておくことも大切な心遣いといえます。

　お伺いする内容は、使用していてわからないことや疑問点、不明点に加えて正常に使用できているか、などです。お買い上げ直後だけでなく、半年後、1年後など一定期間ごとにお伺いし、その内容を都度記録しておきます。

　先述のお客さまノートにアフターフォロー記録欄を設け、「顧客カルテ」という形にしておくのもよいでしょう。

第6章　ワンランクアップのCSをめざす

89

お客さまの要望や意見への対応を「見える化」している

　スーパーマーケットなどの入口にお客さまの声が掲示されているのをよく見かけます。

　お店からの回答をみてみると、残念なことに「これからそうしようと思います」と今後の見込みだけを答えているものが多く、具体的に「このように改善しました」と結果が記載されているものは少ないようです。

　例えば、「いつもお昼に行きますが、お弁当の品切れが多いようなので、品切れをなくしてほしい」というお客さまの声に対して「今後、そのようなことがないように仕入担当者に指示したいと思います」というような回答があったりします。

　これでは、お客さまはいつからほんとうに改善されるのかわかりません。お客さまは、ひょっとすると明日からと思っているかもしれません。一方でお店の方は「時期をみて…」と思っていたとすると、お客さまの思いとの間にギャップが生じ、そのお客さまはさらに不満を覚えてしまうことになります。

　回答としましては、「午前11：30～午後13：30の間は、これまでの1．5倍の品揃えといたします」とか、「お弁当コーナーを拡大して、メニューも2種類追加いたしました」、あるいは「〇月〇日より、お弁当コーナーを拡大し、2種類のメニューを追加いたします」など、どのように対応したのか、するのかを具体的に記します。

　このように回答することによって、意見を投じたお客さまは、自分の意見が通った、認められてすぐに実現してくれたと思います。転じて自分が特別な存在だと認められたときと同じような感動を覚えます。感動を覚えたお客さまはそのお店や会社を信頼し、愛着を覚え、ファンになります。

　お客さまからお聞きした商品や会社への要望や意見を真摯に受け止めて、できることから速やかに改善を進めていくことは言うまでもありませんが、その意志や結果をぜひお客さまにお伝えしましょう。お客さまの声に応えたことをきっちり伝えてこそ、お客さまは満足し、お店や会社を高く評価してくれるのです。

対人感受性を高めるよう努力している

　1を聞いて10を知るという言葉があるように、相手が1つのことしか言わなくてもすべてのことを理解できる人は、対人感受性が強い人ということができます。対人感受性とは、ひとことで言えば、相手の立場に立ち、相手の気持ちを理解することができる能力のことといえます。

　これまで述べてきたようにお客さまの満足を高めるには、お客さまのことを理解しなければなりません。お客さまのことをより深く理解しようとするためには対人感受性を高める努力が必要です。

　対人感受性を高めるためには、普段から自分を取り巻くあらゆるものに関心を持つことです。周りの人はもちろんのこと、町の風景であったり、季節の移り変わりであったり、テレビや新聞などで目にするできごとなどを漫然と見過ごすのでなく、なぜ、そのようになったのか、これからどのように変わっていくのか、自分の頭で考える習慣を身につけることが対人感受性を高めるトレーニングになります。

　例えば、「いつも乗っている電車なのに今日は混雑がひどいな」といったようなとき、皆さまは、その後になにを思うのでしょうか？当然「混雑がひどいので早く着かないかな」「車内が蒸し暑くて嫌だな」などと思うでしょう。でも中には「4月に入って新入社員や新入学生が増えたのかもしれない」「車内が蒸し暑いと具合が悪くなる人が出る恐れがあるな」など多面的にいろいろな想像力を働かせる人もいることでしょう。実はこの想像力こそが対人感受性を高める原動力となっているのです。対人感受性を磨くことで、お客さまに寄り添う気持ちが育まれ、お客さまの立場を理解しやすくなります。その結果、お客さまの状況を理解し、お客さまのニーズや抱える課題、悩みが見えるようになります。

対人感受性を高めるには、次のようなことを心がけましょう。
・自分を取り巻く環境の変化に敏感になる
・なぜ、そのような変化が起こるのか考える
・疑問や不明なことをそのままにせず、知ろうと努力する
・映画を見たり本を読んだりして感動することで感性を高める
・多くの人と出会い、会話することでさまざまな考えに触れる機会を持つ
・地域ボランティアやサークル活動など会社や家庭以外の場で視野を広げる
・家族や社内の身近な人とのコミュニケーションを大切にし、身近な人の気持ちや考
　え方を理解することから始める

一期一会の気持ちでお客さまと接している

　空港で飛行機が離陸するために滑走路を移動しようとするとき、整備士さんたちが一列に並び飛行機に向かって手を振ったり、頭を下げて礼をしている姿を見たことがあるでしょうか。これは、50年近く前に日本のある航空会社の1人の整備士さんが始めたお見送りの挨拶ですが、今やそれが世界中に広がっています。この姿を見たいがためにいつも同じ席に座るというお客さまもいるそうです。また、飛行機に乗るわけでもないのにその姿を見るためにわざわざ空港までやってくるという人もいるということです。

　また、ある鉄道の駅では、毎年3月、地元の高校の卒業式の日に合わせ、駅員さんが卒業生に向けたメッセージを描いたボードを改札口に置きます。そこには、学生たちが電車に揺られながら受験勉強をした日々のこと、部活で遅くなり夜空のホームに降り立ったことなどの想い出とともに、4月から始まる新生活へのエールも描かれています。そして、このメッセージは、卒業生ばかりでなく、この駅を利用する他のお客さまにも感動と元気を与えました。

　この整備士さんの手の振り方やお辞儀の仕方、駅員さんのメッセージボードの描き方にはマニュアルやルールはありません。もちろん、それをしないといけないという規則もありません。飛行機が故障せず安全に飛べるようにきちんと整備という仕事をしていれば、整備士さんは誰にも何も言われないはずであり、お客さまも無事に目的地に着くことができればそれで満足に違いありません。また、駅員さんも、毎日、切符の販売や列車の案内という決められた仕事をきちんとしていれば、それでお客さまは満足してくれるでしょう。　では、彼らはなぜ、わざわざいつもの仕事の手を止めてまで飛行機に手を振ったり、改札口にメッセージボードを置いたりするのでしょうか？

　先ほどの整備士さんはこんなことを言っています。

　「お客さまが手を振り返してくれるとすごく嬉しい、自分たちが整備した飛行機に乗っているお客さまに手を振ってもらえるなんて幸せなことじゃないか」

　そこには、お客さまの笑顔だけでなく、自分たちも幸せな気持ちになって笑顔になりたいという思いがあります。

　お客さまに満足していただくためには、最低限の礼儀やマナー、身だしなみは必ず必要です。そのためには、守るべきルールや手順などを知っておかなければならず、それを学び知るのがマニュアルです。しかし、それだけでは、お客さまに笑顔になっていただくことはできません。

　目の前のお客さま一人ひとりに対し、この方とは一生にたった一度の出逢いかも知れず、この出逢いの瞬間を大切にし、今できる最高のおもてなしをするのだという「一期

第6章　ワンランクアップのCSをめざす

93

一会」の気持ちで接すると交わす笑顔や挨拶、会話の一つひとつがとても大切なことに思えてきます。そして、その思いは、お客さまと交わす挨拶のときの笑顔やお辞儀の動作に自然と表れます。

　私たちが、お客さまとは一期一会だという思いで接し、その思いがお客さまに伝われば、お客さまは２度、３度と来店していただいたり、続けて取引をしてくれたりするようになります。

　お客さまを思う心は、価格の安さや高機能の商品の魅力よりはるかに勝る顧客満足の原動力といえるのです。

著者略歴

中井　嘉樹（なかい よしき）株式会社フェアウィンド 代表取締役
1959年生まれ。内田洋行、キーエンスを経て、日本ブレーンセンター（現 エン・ジャパン）にて、チーフコンサルタント、取締役を務めた後、現職。豊富な現場実績と体系的な理論に基づいた実践的な指導による組織力増強、営業力強化、管理職育成等の戦略的な人材力＆組織力向上支援について、上場企業からベンチャー企業、中小企業に至るまで幅広く行っている。中小企業大学校、商工会議所、商工会等の公的機関における非常勤講師として活躍中。経済産業大臣認定 中小企業診断士。著書に「チーム力を高める魔法の力」（経営書院）、「はじめての部下指導の心得」（経営書院）、「はじめての OJT リーダーの心得」（経営書院）、「2017新入社員基礎講座」（経営書院　共著）、「3 士業で解決！多面的労務管理」（経営書院　共著）、「自分で売るな！部下に売らせろ！」（PHP）、「40歳の仕事力」（PHP　共著）等がある。

木之下尚令（きのした ひさのり）
中小企業診断士・1級販売士　1961年生まれ
大学卒業後、大手家電量販店近畿、岡山地区店舗にて店舗マネージャー（店長）を歴任。100名のスタッフを率いる店長として、販売促進・人材育成・顧客管理等店舗マネジメント業務全般に従事する。2009年 中小企業診断士事務所 UT.マネジメントオフィスを設立し、現在に至る。
長年培った現場での実践経験と知識をもとに、主に中小企業の販路開拓、販売促進・顧客満足（CS）向上等のマーケティング支援、小売・流通業の経営戦略策定・オペレーション改善、マーチャンダイジング、プロモーション提案、人材育成など総合的な経営力向上の支援を手がけている。その他、商店街活性化や創業支援も行い、公的機関における経営相談や研修・セミナーおよび大学講師も務めるなど、幅広く活躍している。

イラスト　顧客満足（CS）の心得

2017年 9 月13日　第 1 版第 1 刷発行

著　者　中　井　嘉　樹
　　　　木之下　尚　令

発行者　平　　盛　之

㈱産労総合研究所

発行所　出版部　経営書院

〒112-0011　東京都文京区千石4-17-10
産労文京ビル
電話　03-5319-3620
振替　00180-0-11361

無断転載はご遠慮ください。
乱丁・落丁本はお取り替いたします。　ISBN 978-4-86326-247-8　C2034

印刷・製本　藤原印刷株式会社